国家自然科学基金项目 (71802009) 的阶段性成果

Local Government
Debt and
Corporate Financial Behaviors

地方政府债务与企业财务行为

理论经验与实践证据

刘 欢◎著

中国经济出版社
CHINA ECONOMIC PUBLISHING HOUSE
·北 京·

图书在版编目（CIP）数据

地方政府债务与企业财务行为：理论经验与实践证据／刘欢著．--北京：中国经济出版社，2024.1

ISBN 978-7-5136-7525-3

Ⅰ．①地…　Ⅱ．①刘…　Ⅲ．①地方政府-债务管理-研究-中国　②企业管理-财务管理-研究-中国　Ⅳ．①F812.7　②F279.23

中国国家版本馆 CIP 数据核字（2023）第 199014 号

责任编辑　牛慧珍
责任印制　马小宾
封面设计　任燕飞

出版发行　中国经济出版社
印 刷 者　北京富泰印刷有限责任公司
经 销 者　各地新华书店
开　　本　710mm×1000mm　1/16
印　　张　14.75
字　　数　210 千字
版　　次　2024 年 1 月第 1 版
印　　次　2024 年 1 月第 1 次
定　　价　88.00 元
广告经营许可证　京西工商广字第 8179 号

中国经济出版社　**网址** www.economyph.com　**社址** 北京市东城区安定门外大街 58 号　**邮编** 100011
本版图书如存在印装质量问题，请与本社销售中心联系调换（联系电话：010-57512564）

目　录
contents

第一章　绪论 ………… 001

第一节　研究背景与意义 ………… 003
第二节　研究框架 ………… 008
第三节　创新点 ………… 009

第二章　制度背景 ………… 015

第一节　中国地方财政管理制度变迁 ………… 017
第二节　地方政府债务的产生和治理 ………… 020
第三节　地方政府债务的存在形式、测度及规模 ………… 027
第四节　本章小结 ………… 040

第三章　文献综述 ………… 043

第一节　地方政府债务发行的影响因素 ………… 045
第二节　地方政府债务的经济后果 ………… 059
第三节　地方政府债务的风险 ………… 072
第四节　文献述评 ………… 075

第四章　金融危机与政府债务：国际经验 ………… 089

第一节　经济周期与金融危机 ………… 091
第二节　国际视角下的政府债务 ………… 100
第三节　本章小结 ………… 108

第五章 地方财政收支与地方政府债务：中国证据…………… 111

第一节 中国地方政府的财政收支 …………………………………… 113
第二节 地方政府债券的发行特征 …………………………………… 133
第三节 本章小结 …………………………………………………… 141

第六章 地方政府债务与企业创新 ……………………………… 143

第一节 引言 ………………………………………………………… 145
第二节 理论分析与研究假设 ………………………………………… 147
第三节 研究设计 …………………………………………………… 149
第四节 实证回归结果 ……………………………………………… 153
第五节 进一步研究 ………………………………………………… 162
第六节 稳健性检验 ………………………………………………… 173
第七节 本章小结 …………………………………………………… 177

第七章 地方政府债务与企业税收规避 ………………………… 183

第一节 引言 ………………………………………………………… 185
第二节 理论分析与研究假设 ………………………………………… 188
第三节 研究设计 …………………………………………………… 191
第四节 实证回归结果 ……………………………………………… 196
第五节 进一步研究 ………………………………………………… 204
第六节 稳健性检验 ………………………………………………… 210
第七节 本章小结 …………………………………………………… 218

第八章 研究结论与展望 ……………………………………… 225

第一节 研究结论 …………………………………………………… 227
第二节 研究局限 …………………………………………………… 229
第三节 研究展望 …………………………………………………… 230

第一章

绪　论

第一节　研究背景与意义

一、研究背景

党的二十大提出了“构建高水平社会主义市场经济体制”的宏观要求，具体要“坚持和完善社会主义基本经济制度，毫不动摇巩固和发展公有制经济，毫不动摇鼓励、支持、引导非公有制经济发展，充分发挥市场在资源配置中的决定性作用，更好发挥政府作用”，有效市场和有为政府的有机融合成为展现社会主义市场经济体制优势的内在要求。如何发挥政府在经济发展中的关键角色，成为学术界关注的焦点问题。

1978 年改革开放之后中国的地方政府债务便已出现，1994 年分税制改革促使地方政府出于缓解财政压力的目的而举债。此后，为了应对两次金融危机（1997 年亚洲金融危机和 2008 年全球金融危机）的爆发，中央政府实行扩张性的财政政策，虽然达到了稳定经济的目的，但是也导致地方政府债务规模大幅增加。特别是在 2008 年全球金融危机爆发之后，各地方政府在中央政府“四万亿”政府性投资计划的基础上扩大了本地区的投资规模，在短期内实现了国民经济的稳步增长，但其引致的地方政府债务问题不可忽视。根据审计署的调查数据，截止到 2013 年 6 月，全国总债务规模为 30.27 万亿元，其中地方政府债务规模（包括政府负有偿还责任、担保责任和可能承担一定救助责任的各类债务）高达 17.89 万亿元，占总债务规模的 59.1%。

为了应对地方政府债务风险，党的十八届三中全会提出“建立规范合理的中央和地方政府债务管理及风险预警机制”。继而，中共中央政治局会议、全国人民代表大会、国务院等党和国家领导机构在2014年、2015年连续出台了《深化财税体制改革总体方案》、《国务院关于加强地方政府性债务管理的意见》（国发〔2014〕43号）、《国务院关于深化预算管理制度改革的决定》（国发〔2014〕45号）、新修订的《中华人民共和国预算法》等，提出规范地方政府性债务管理的总体要求和具体管理机制，有效发挥地方政府规范举债的积极作用，切实防范化解财政金融风险。2017年全国金融工作会议进一步提出“要严控地方政府债务增量，终身问责，倒查责任”，党的二十大报告更是进一步提出“守住不发生系统性风险底线”的明确要求。

图1-1列示了2007—2021年中央政府、地方政府的杠杆率变化趋势及政府部门杠杆率，图中的主要数据来自国家资产负债表研究中心（CNBS）。政府部门杠杆率为政府部门的债务，即中央政府债务和地方政府债务之和与名义国内生产总值（Nominal Gross Domestic Product，Nominal GDP）的比值；中央政府、地方政府的杠杆率变化趋势分别为中央政府债务、地方政府债务与名义国内生产总值的比值。

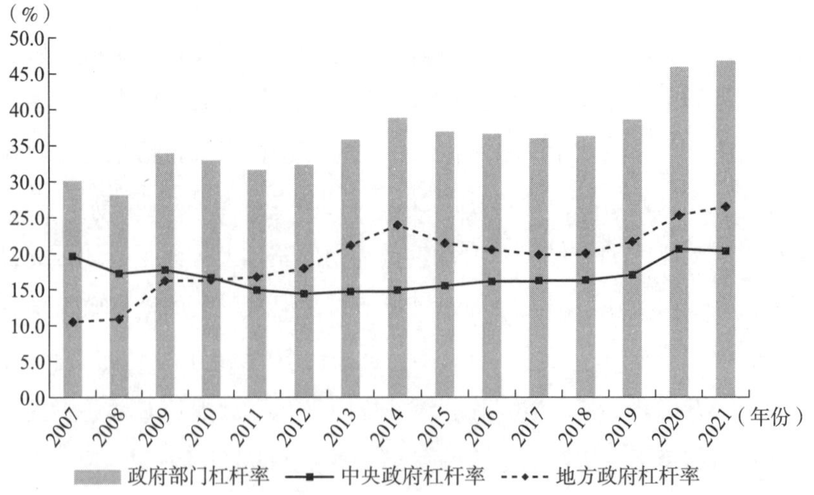

图1-1 2007—2021年中央政府、地方政府的杠杆率变化趋势及政府部门杠杆率

数据来源：国家资产负债表研究中心（CNBS）。

由图 1-1 的折线图可知，中央政府和地方政府的债务规模与名义国内生产总值的比值在 2010 年前后呈现差异化的变动趋势。在 2010 年以前，中央政府债务与名义国内生产总值的比值大于地方政府债务与名义国内生产总值的比值；但是自 2011 年开始，地方政府债务的规模开始超越中央政府债务规模，二者的差距在 2014 年达到最高，2014—2021 年地方政府杠杆率也始终在中央政府之上。究其原因，由于 2007—2008 年次贷危机的影响，中国于 2008 年底到 2010 年推出了合计达“四万亿”的投资计划，这一计划显著刺激了地方政府的融资热情，导致了地方政府杠杆率在 2010 年后开始超越中央政府。

从政府部门杠杆率的柱状图可知，中国的政府债务 2015 年较 2014 年明显下降，这是因为当年中国修订了《中华人民共和国预算法》，开始赋予地方政府发行债券的权利，同时将融资平台所发行的城投债与地方政府剥离，促使地方政府融资手段的规范化和透明化。可以说，图 1-1 大致勾勒出中国政府部门杠杆率的变化趋势，也证实了研究地方政府债务的必要性和紧迫性。

传统研究多关注地方政府债务的影响因素（Neck and Getzner，2001；Goodspeed，2002；Rodden，2002；Geys，2007；Baskaran，2010；Pettersson-Lidbom，2010；Akai and Sato，2011；Baskaran，2012；马恩涛和于洪良，2014；吕健，2014；蒲丹琳和王善平，2014；陈菁和李建发，2015；缪小林和伏润民，2015；钟辉勇和陆铭，2015；罗党论和佘国满，2015；贾俊雪等，2017）及其与经济增长（Smyth and Hsing，1995；Schclarek，2004；Aizenman et al.，2007；Reinhart and Rogoff，2010；Pattillo et al.，2011；Balassone et al.，2011；Kourtellos et al.，2013；Eberhardt and Presbitero，2013；Panizza and Presbitero，2014；Woo and Kumar，2015；Puente-Ajovín and Sanso-Navarro，2015；范剑勇和莫家伟，2014；吕健，2015；胡奕明和顾祎雯，2016）的关系，却较少探索地方政府债务对微观企业行为的冲击。特别是在中国地方政府债务越发受到关注的情况下，基于地方政府负债发行的内在动机，讨论其对企业财务行为的经济影响，日益成为一个有

趣且富有意义的话题。

站在微观视角，地方政府债务对企业行为的影响主要存在“财政赤字—总需求—利率—私人投资”和“资产组合效应”两种范式。其中，在“财政赤字—总需求—利率—私人投资”的研究框架下，政府债务融资对企业投融资行为的挤出效应主要通过利率渠道实现（Friedman，1978；Hubbard，2012）。“资产组合效应”将所有资产视为单一资产，忽略了不同资产之间流动性、安全性的差异，此时政府债务、企业债务之间存在着互补性和竞争性关系，当政府发行的长期债务较多时，企业会发行更多短期债务作为回应（Greenwood et al.，2010）；当国债的发行量发生变化时，投资者愿意为资产流动性和安全性支付的溢价发生改变，进而导致了企业债和国债之间收益率的差异，政府债务融资对企业债务融资产生“挤出效应”（Krishnamurthy and Vissing-Jorgensen，2012，2015；Graham et al.，2014，2015）。

二、研究意义

本书的研究意义可以从理论和实践两个方面具体阐述。

本书的理论意义主要体现在以下三个方面：

第一，剖析地方政府负债的内在动机，建立行为主体从动机到结果的逻辑关系。作为典型的转轨经济国家，中国制度背景下政府与企业的关系成为一个焦点话题。作为控制经济资源的主体，地方政府发展当地经济和开展地区间竞争的动机同时存在，因此对地方政府行为内在动机的讨论显得尤为必要。本书立足地方政府债务，试图揭示地方政府债务发行的内在动机及其对微观企业财务行为的经济影响，构建行为主体从动机到结果的逻辑关系，从而形成完整的研究框架。

第二，厘清地方政府债务影响企业财务行为的作用机制，丰富地方政府债务与微观企业行为方面的研究。企业是促进地区经济发展的重要元素，其财务决策也会受到地方政府的影响。随着地方政府债务规模的扩大，在为企业创造良好的融资环境和投资机会的同时，也增加了企业经营的外部风险。本书通过理论分析和实证研究相结合的方式，考察了地方政府债务对企业财务行为影响的作用机制，有助于丰富地方政府债务与微观企业行为的相关研究。

第三，总结金融危机与政府债务的国际经验，为中国制度背景下研究地方政府债务探索道路。政府债务规模扩张所引发的宏观经济波动、资本市场震荡、微观企业收缩等问题已经引起了国外的充分重视。本书基于历史视角梳理了金融危机的典型场景，并对世界主要国家的政府财政收支情况进行对比分析，试图从国际视角探索中国地方政府债务研究的特色道路，丰富中国制度背景下政府财政政策与微观企业行为的研究内容。

本书的实践意义主要体现在以下三个方面：

第一，为地方政府科学管理债务资源提供现实依据。地方政府债务管理需要同时兼顾地区经济增长的目标以及风险管控的底线，如何在保证经济增长的前提下，合理分配债务资源，构建风险防范体系，对于地方政府具有重要意义。本书将系统分析地方政府债务的形成原因以及对微观企业行为的作用效果，有助于地方政府制定债务融资的科学管理体系。

第二，为监管机构系统防范债务风险提供实践依据。外部监管机构对企业进行有效的监督和管理需要有的放矢，本书通过客观考察地方政府债务的形成原因以及经济后果，一方面，为监管机构积极推进金融市场多层次发展、完善政府资源配置与企业投融资决策协调配合提供启示；另一方面，也为监管机构支持地方政府适度负债、增强债务风险防范体系建设提供决策参考。

第三，为管理者合理优化资源配置提供决策依据。管理者制定财务决策时需要综合考虑企业自身条件与外部政策环境。如何在充分利用自身资源的基础上，更大程度上借助政府的支持，对于企业的长期可持续发展具有重要意义。本书将深入研究地方政府债务对企业财务行为的具体作用路径，对于管理者如何结合国家制度政策，提高资金配置效率具有重要的实践意义。

第二节 研究框架

本书基于中国地方政府债务规模的动态变化展开讨论，关注其对企业财务行为的影响。主要包括八个章节的内容，具体来看：

第一章是绪论。本章分析本书的研究背景、研究意义，明确本书的研究框架和创新点，为本书后续的写作奠定基础。

第二章是制度背景。本章内容主要包括三个部分：首先，梳理中国地方财政管理制度的历史变迁；其次，分析地方政府债务产生的内在机理、地方政府债务的治理政策；最后，总结地方政府债务的测度方法并对比不同计算维度下地方政府债务规模的差异。

第三章是文献综述。本章概述了国内外有关政府债务的研究动态，从影响因素、经济后果、风险三个角度对已有研究进行了细致的梳理。

第四章是金融危机与政府债务：国际经验。本章基于国际视角讨论金融危机与政府债务的关系，基于国际典型的金融危机事件明晰了经济周期与金融危机的基本概念，并比较了不同国家国内生产总值、财政收支、政府债务的基本特点，为研究中国问题提供了国际视角。

第五章是地方财政收支与地方政府债务：中国证据。本章立足于中国地方政府的财政收支现状展开分析，将中国划分为华北、东北、华东、华中、华南、西南、西北七个地区予以细致论述，最后基于地方政府债券数据分析了不同省、自治区、直辖市地方政府债券的发行特征。

第六章是地方政府债务与企业创新。本章开始展开实证讨论，从企业创新的视角分析地方政府债务的微观经济后果，发现扩张的地方政府债务规模会对企业创新产生负面影响，并且这一关系在融资约束高、融资需求大、风险承担能力弱的上市公司体现得尤为明显。

第七章是地方政府债务与企业税收规避。本章以地方国有企业为主要研究对象，将地方政府债务与企业财务行为的讨论推向深化，认为税收是地方政府储备“预防性自有财力”的有效方式，地方政府债务规模的扩大会减少地方国有企业的税收规避行为，但是地方国有企业金字塔层级的增加会弱化地方税收征管强度，抑制地方政府债务规模扩张对企业税收规避的负向影响。

第八章是研究结论与展望。本章主要总结了本书所提出的主要观点、取得的主要结论，并分析了现有研究中存在的不足及可能的解决办法，最后对未来研究的方向进行了展望。

本书章节安排如图 1-2 所示。

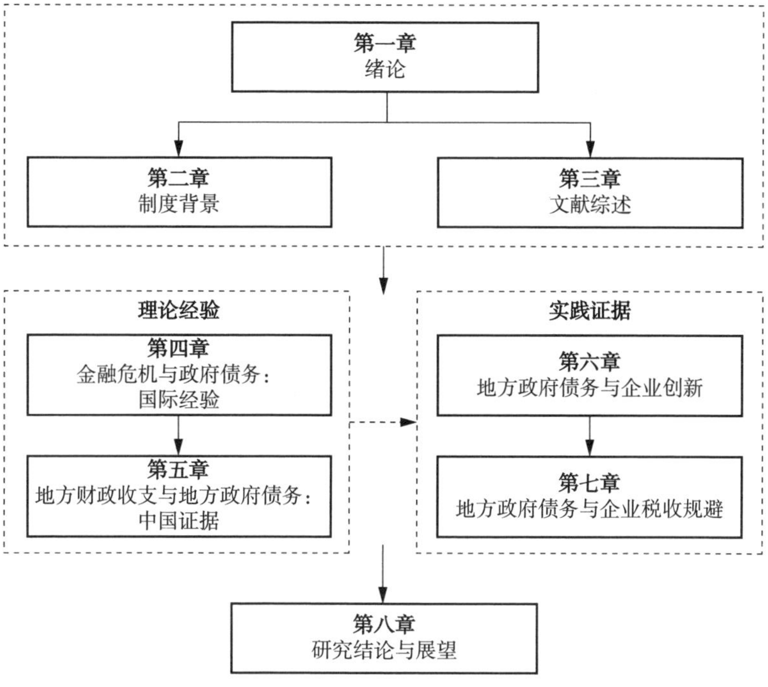

图 1-2　本书章节安排

第三节　创新点

一、构建宏微观结合的研究体系

本书将宏观经济运行与微观企业发展相结合，研究中国制度背景下地方政府债务的合理测算方法以及地方政府债务影响企业财务行为的作用机制和经济后果，紧扣当下我国社会的时代背景，不论从服务实践的角度还是从凝练理论的角度，本书都将提供有益的探索，具有可行性和创新性。

二、厘清地方政府债务对企业财务行为的影响机理

立足中国特殊制度背景，政府部门能够通过财政转移支付、税收优惠、财政补贴等多种方式对企业的投融资决策产生影响，在企业决策中发挥了不可替代的重要作用。本书将宏微观领域研究相结合，以地方政府债务为切入点，深入挖掘地方政府债务影响微观企业行为的作用机制与经济后果，不仅能够丰富地方政府治理方面的研究成果，同时能够为政府政策制定与企业管理实践提供指导。

三、拓展中国政府债务研究的国际视野

自 2007 年金融危机之后，政府债务作为一个热点话题迅速引发国内外的充分关注。本书在关注世界范围内主要国家政府债务的规模和风险状况的基础上，深度讨论中国制度背景下地方政府财政收支的状况、地方政府债务的规模和地方政府债券的发行特征等，试图立足国际视野研究中国问题，增强研究话题的可信性和科学性。

本章参考文献

［1］ Aizenman，J.，Kletzer，K.，Pinto，B. Economic Growth with Constraints on Tax Revenues and Public Debt：Implications for Fiscal Policy and Cross-Country Differences［R］. Working Paper，2007.

［2］ Akai，N.，Sato，M. A Simple Dynamic Decentralized Leadership Model with Private Savings and Local Borrowing Regulation［J］. Journal of Urban Economics，2011，70（1）：15-24.

［3］ Balassone，F.，Francese，M.，Pace，A. Public Debt and Economic

Growth in Italy [R]. Working Paper, 2011.

[4] Baskaran, T. On the Link between Fiscal Decentralization and Public Debt in OECD Countries [J]. Public Choice, 2010, 145 (3): 351-378.

[5] Baskaran, T. Soft Budget Constraints and Strategic Interactions in Subnational Borrowing: Evidence from the German States, 1975—2005 [J]. Journal of Urban Economics, 2012, 71 (1): 114-127.

[6] Eberhardt, M., Presbitero, A. This Time they are Different: Heterogeneity and Nonlinearity in the Relationship between Debt and Growth [M]. International Monetary Fund, 2013,

[7] Friedman, B. M. Crowding Out or Crowding In? The Economic Consequences of Financing Government Deficits [R]. Working Paper, 1978.

[8] Geys, B. Government Weakness and Electoral Cycles in Local Public Debt: Evidence from Flemish Municipalities [J]. Local Government Studies, 2007, 33 (2): 237-251.

[9] Greenwood, R., Hanson, S., Stein, J. C. A Gap-Filling Theory of Corporate Debt Maturity Choice [J]. Journal of Finance, 2010, 65 (3): 993-1028.

[10] Goodspeed, T. J. Bailouts in a Federation [J]. International Tax and Public Finance, 2002, 9 (4): 409-421.

[11] Graham, J., Leary, M. T., Roberts, M. R. How does Government Borrowing Affect Corporate Financing and Investment? [R]. Working Paper, 2014.

[12] Graham, J. R., Leary, M. T., Roberts, M. R. A Century of Capital Structure: The Leveraging of Corporate America [J]. Journal of Financial Economics, 2015, 118 (3): 658-683.

[13] Hubbard, G. Consequences of Government Deficits and Debt [J]. International Journal of Central Banking, 2012, 8 (1): 203-235.

[14] Kourtellos, A., Stengos, T., Tan, C. M. The Effect of Public Debt on Growth in Multiple Regimes [J]. Journal of Macroeconomics, 2013, 38

(12): 35-43.

[15] Krishnamurthy, A., Vissing-Jorgensen, A. The Aggregate Demand for Treasury Debt [J]. Journal of Political Economy, 2012, 120 (2): 233-267.

[16] Krishnamurthy, A., Vissing-Jorgensen, A. The Impact of Treasury Supply on Financial Sector Lending and Stability [J]. Journal of Financial Economics, 2015, 118 (3): 571-600.

[17] Neck, R., Getzner, M. Politico-Economic Determinants of Public Debt Growth: A Case Study for Austria [J]. Public Choice, 2001, 109 (3-4): 243-268.

[18] Panizza, U., Presbitero, A. F. Public Debt and Economic Growth: Is there a Causal Effect? [J]. Journal of Macroeconomics, 2014, 41 (9): 21-41.

[19] Pattillo, C., Poirson, H., Ricci, L. A. External Debt and Growth [J]. Review of Economics and Institutions, 2011, 2 (3): 1-30.

[20] Pettersson-Lidbom, P. Dynamic Commitment and the Soft Budget Constraint: An Empirical Test [J]. American Economic Journal: Economic Policy, 2010, 2 (3): 154-179.

[21] Puente-Ajovín, M., Sanso-Navarro, M. Granger Causality between Debt and Growth: Evidence from OECD Countries [J]. International Review of Economics & Finance, 2015, 35 (1): 66-77.

[22] Reinhart, C. M., Rogoff, K. S. Growth in a Time of Debt [J]. American Economic Review, 2010, 100 (2): 573-578.

[23] Rodden, J. The Dilemma of Fiscal Federalism: Grants and Fiscal Performance around the World [J]. American Journal of Political Science, 2002, 46 (3): 670-687.

[24] Schclarek, A. Debt and Economic Growth in Developing and Industrial Countries [R]. Working Paper, 2004.

[25] Smyth, D. J., Hsing, Y. In Search of an Optimal Debt Ratio for Eco-

nomic Growth [J]. Contemporary Economic Policy, 1995, 13 (4): 51-59.

[26] Woo, J., Kumar, M. S. Public Debt and Growth [J]. Economica, 2015, 82 (328): 705-739.

[27] 陈菁, 李建发. 财政分权、晋升激励与地方政府债务融资行为——基于城投债视角的省级面板经验证据 [J]. 会计研究, 2015 (1): 61-67.

[28] 范剑勇, 莫家伟. 地方债务、土地市场与地区工业增长 [J]. 经济研究, 2014 (1): 41-55.

[29] 胡奕明, 顾祎雯. 地方政府债务与经济增长——基于审计署2010—2013年地方政府性债务审计结果 [J]. 审计研究, 2016 (5): 104-112.

[30] 贾俊雪, 张晓颖, 宁静. 多维晋升激励对地方政府举债行为的影响 [J]. 中国工业经济, 2017 (7): 5-23.

[31] 罗党论, 佘国满. 地方官员变更与地方债发行 [J]. 经济研究, 2015 (6): 131-146.

[32] 吕健. 影子银行推动地方政府债务增长了吗 [J]. 财贸经济, 2014 (8): 38-48.

[33] 吕健. 地方债务对经济增长的影响分析——基于流动性的视角 [J]. 中国工业经济, 2015 (11): 16-31.

[34] 马恩涛, 于洪良. 财政分权、地方债务控制与预算软约束 [J]. 管理评论, 2014 (2): 24-35.

[35] 缪小林, 伏润民. 权责分离、政绩利益环境与地方政府债务超常规增长 [J]. 财贸经济, 2015 (4): 17-31.

[36] 蒲丹琳, 王善平. 官员晋升激励、经济责任审计与地方政府投融资平台债务 [J]. 会计研究, 2014 (5): 88-93.

[37] 钟辉勇, 陆铭. 财政转移支付如何影响了地方政府债务? [J]. 金融研究, 2015 (9): 1-16.

第二章

制度背景

第一节　中国地方财政管理制度变迁

中央政府和地方政府的财政关系是现代国家治理的基石。与集权的概念不同，分权体系中的决策主体依据自身的发展目标和利益动机进行自主决策，并且不同的决策主体之间存在信息共享和行为互动。财政分权主要是指在一个多级政府框架内，上级政府将一定的征税权和支出权让渡给下级政府的过程，构成了政府分权的基础和重要支柱。伴随着 20 世纪 80 年代经济自由化的浪潮席卷全球，无论是发达国家还是发展中国家，都将财政分权作为改善政府间关系、提高政府效率的有效手段。自 1978 年中国迈入改革开放的历史时期，处理政府与市场的关系、政府间的财政关系一直是整体改革的核心内容。如何促进各级政府职能优化，解决政府间财政关系面临的深层次矛盾，成为政府和学术界关注的重要问题。

新中国成立之初，我国确定了“统收统支”的高度集中的财政管理体制，并且在多次调整优化的过程中，逐步将“放权让利”作为调节中央和地方关系的主基调。尤其在改革开放后，中国的财政管理体制经历了财政承包制改革（1980—1993 年）和分税制改革（1994 年至今）两个阶段。

一、财政承包制改革

财政承包制改革要求中央和地方政府在一定时期按照协商好的一定比例或一定额度进行收入分成，使额外增长的财政收入大部分归地方政府支配，具有很强的收入分权特色。在此期间的改革主要分成三个阶段："划分收支、分级包干"（1980—1984年）、"划分税种、核定收支、分级包干"（1985—1988年）、"包干制改革"（1988—1993年）。

这次改革将财政收入划分为中央固定收入、地方固定收入、中央与地方共享收入以及调剂收入（第二阶段予以撤销）等，明确了中央和地方的收入分配和支出责任。但是，这次改革对不同地区采用了不同的包干形式，导致各地的留成比例、收入增长率、增长分成比例等均存在差异，虽然起到了提升地方政府预算内财政收入占全国预算内财政收入比例的作用，有效刺激了地方政府的积极性，但是中央财政在整个财政分配中的弱势地位使中央财政收入无法得到有效保证，陷入较为严重的财政困境。

为了满足中央的资金需求，中央政府开始转向收费等预算外收入的方式筹措资金。与此同时，地方政府为了减少向中央上缴收入，也开始隐匿预算内收入，并采用摊派和收费的方法来获取预算外收入。受到干扰的财政分配秩序危害了经济社会健康发展，助长了地方保护主义。可以说，财政承包制这种财权过度下放的分权模式确定了地方政府在整个财政分配中的主导地位，如何进一步理顺中央和地方的财政关系成为社会各界关注的焦点。1993年11月，中国共产党第十四届中央委员会第三次全体会议通过了《中共中央关于建立社会主义市场经济体制若干问题的决定》，开始正式实施新中国成立以来规模最大、影响最为深远的分税制改革。

二、分税制改革

1994年的分税制改革主要目的便是确定中央财政在整个财政分配中的主导地位，因而具有很强的收入集权特色。

这次改革主要是以"存量不动、增量调整，逐步提高中央的宏观调控能力，建立合理的财政分配机制"为原则设计的。在原财政承包制确定的地方上缴和中央补助基本不变、不触动地方既得利益的情况下，确立了

“理顺中央与地方分配关系、合理调节地区间财力分配、坚持统一领导与分级管理相结合、坚持整体设计与逐步推进相结合的指导思想”。此次改革将税种划分为中央税、地方税，以及中央与地方共享税，分设了国家和地方税务局两套征收管理机构，构建起以税收返还、财力转移性支付和专项转移支付为核心内容的中央财政转移支付制度。

可以说，1994 年分税制改革建立了较为规范的中央与地方财政关系，并在很长时期保持稳定。后续只有 2002 年所得税分享制度改革涉及的优化调整范围较广。分税制改革较强的收入集权特色促使地方政府预算内收入占全国预算内收入的比重有所下降，但是却没有改变地方政府支出责任上升的趋势。财政收入的财权与经济发展的事权不匹配导致地方政府出现较为严重的纵向财政失衡。为了解决地方纵向财政失衡等问题，中央在 1995 年建立“过渡期转移支付”制度，并将其分为一般性转移支付和专项转移支付两类。

分税制改革虽然规范了中央和地方财政关系，但是对省以下财政管理体制并未作出明确规定。直到 2002 年中央出台《国务院批转财政部关于完善省以下财政管理体制有关问题的意见》，各地开始按照中央与地方财政关系的制度框架，在 2002—2004 年较为集中地实施了分税制。但是中国省以下财政收支责任安排呈现出财政收入权利层层上移，支出责任层层下放的共同特点。县级基层政府普遍承担着较重的公共支出责任，但拥有的财力却十分有限。针对县乡基层政府的财政困难，中央从 2005 年开始建立“三奖一补”县乡财政困难转移支付制度，积极引导地方财政加大对财政困难县的财力支持。此外，以“省直管县”为代表的财政管理体制改革等实践探索在近些年开始进行。这些改革旨在通过减少财政管理级次、扩大县级财政管理权限等方式，促进县级地方政府提高行政效率，优化支出结构。

总体来看，分税制改革通过收入集权有效扭转了我国地区间过度低税负竞争的不利局面，为市场经济的快速发展奠定了良好的基础条件和外部环境。然而“财权层层上移，事权层层下放”的分权模式也导致地方政府的纵向财政失衡问题越发严重，并带来公共池问题，扭曲了地方政府支出规模扩张。预算外乃至于制度外手段成为筹措建设资金的重要来源，地方“土地财政”（以及地方投融资平台）逐步形成并日趋严重。

三、未来进一步理顺中央和地方财政关系的设想

党的十九届五中全会通过的《中共中央关于制定国民经济和社会发展第十四个五年规划和二〇三五年远景目标的建议》明确提出了建立现代财税体制的目标要求、主要任务和实现路径，认为建立现代财税体制是全面建设社会主义现代化国家的重要保障，能够为供给侧结构性改革和加快形成新发展格局提供有效支撑。

中央和地方财政关系是政府间权责划分的基本组成部分，是现代国家治理的重要方面，也是建立现代财税体制的重要内容。“十四五”时期要求着力建立权责清晰、财力协调、区域均衡的中央和地方财政关系，推动形成稳定的各级政府事权、支出责任和财力相适应的制度。具体来讲包括以下几个方面：第一，明确中央和地方政府事权和支出责任，适当上移并强化中央财政事权和支出责任；第二，健全省以下财政体制，进一步理顺中央和地方收入划分；第三，增强基层公共服务保障能力，厘清各类转移支付的功能定位。

此外，“十四五”规划中建立现代财税体制的目标还涵盖深化预算管理制度改革、完善现代税收制度、健全政府债务管理制度等方面的内容。

第二节　地方政府债务的产生和治理

凯恩斯主义提出了有效需求的概念，认为扩张性的财政政策会刺激消费和投资，增加有效需求，最终达成充分就业的目标。发行国债、增加财政支出、减少税收等措施被认为是扩张性财政政策的典型调控手段。

中国的地方政府债务问题源于1994年分税制改革之后中央和地方政府财权和事权不匹配所导致的纵向财政失衡问题，加之1995年施行的《中华人民共和国预算法》规定地方政府不得发行地方政府债券，为了满足经济发展动机，土地财政、地方政府融资平台等手段成为地方政府变相进行资金筹措的重要渠道。2008年全球金融危机期间，中国大规模经济刺激计划引致地方政府债务规模过度扩张，预算软约束下地方政府债务的系统性金融风险引起党和政府的格外重视。以2015年新修改的《中华人民共和国预算法》为标志，地方政府债务的管理模式发生了重大变化。

一、金融危机与地方政府债务的产生

改革开放以来，全球范围内的金融危机时有发生，其中1997年的亚洲金融危机和2008年由美国次贷危机演化而来的全球金融危机对中国财政政策的影响尤为显著。

1997年亚洲金融危机以泰铢快速贬值为起点，迅速蔓延至整个东南亚地区，并在全球范围内发散。亚洲金融危机对中国的影响在1998年开始显现，中国东部沿海地区的劳动密集型产业面临着外部需求骤减的困境。面对国际金融市场及国内经济发展的困境，中国做出“扩大内需，实施积极的财政政策，加强基础设施建设，推动经济发展和保持人民币汇率稳定”等重大决策，其中以追加国债发行规模为主要手段的积极财政政策成为中国应对危机的重要措施（表2-1）。

表2-1　1997年亚洲金融危机期间的国债发行规模

时间	措施	投向
1998年8月	财政部向商业银行增发1000亿元国债，银行配发1000亿元贷款	重点用于农林水利、交通通信、环境保护、城乡电网改造、粮食仓库和城市公用事业等基础设施
1998年8月	财政部追加发行2700亿元特别国债	弥补工农中建四家国有商业银行的资本金

由于1995年《中华人民共和国预算法》的限制，地方政府被禁止采用发行债券的方式进行融资。因此亚洲金融危机期间的扩张性财政

政策是通过“国债转贷”的方式由商业银行通过贷款的方式投放到实体经济。在此过程中，财政部成了债券发行人，地方政府则成了债务人。不过由于此次扩张性财政政策是由商业银行作为“中介人”执行，导致中央政府和地方政府对于国债使用的监管存在不足，资金使用效率较低。

与1997年亚洲金融危机类似，2008年全球金融风暴不仅深刻地震撼了全球金融秩序，而且也对中国经济的平稳发展构成极大危害。为了应对全球金融危机所带来的经济硬着陆风险，中国政府于2008年11月推出了扩大内需和促进经济平稳较快增长的十大措施，这十大措施被称为“四万亿”计划（表2-2）。持续两年的“四万亿”计划（2008年底至2010年底）以新增中央投资（1.18万亿元）和其他投资（2.82万亿元）组成，主要包括中央预算内投资、地方财政预算、中央财政代发地方政府债券、政策性贷款等。应该说，国际金融危机期间的经济刺激计划有效支撑了中国经济的快速稳健发展，推动了经济结构转型和基础设施建设，取得了明显的成效。但是，中央政府的大规模经济刺激计划打开了银行信贷的大门，得益于积极的财政政策和适度宽松的货币政策，地方政府出于经济发展、晋升激励等动机相继出台了超过20万亿元的投资计划，虽然短期支持了经济复苏，但是从2013年以来地方政府债务违约风险高企所带来的系统性金融风险引起了党和政府的高度关注。

表2-2 “四万亿”计划投资的具体投向及金额

重点投向	资金测算
廉租住房、棚户区改造等保障性住房	约4000亿元
农村水电路气房等民生工程和基础设施	约3700亿元
铁路、公路、机场、水利等重大基础设施建设和城市电网改造	约15000亿元
医疗卫生、教育、文化等社会事业发展	约1500亿元
节能减排和生态工程	约2100亿元
自主创新和结构调整	约3700亿元
灾后恢复重建	约10000亿元

二、地方政府债务的治理

（一）地方政府债务治理的演变

中国对于地方政府债务的管理经历了三个阶段（何德旭和王学凯，2020）。

第一阶段：监管真空阶段（1978—1984 年）。这一阶段正处于中国财政管理体制的改革过程中，旧的管理体制尚未完全废除，酝酿中的新管理体制尚未真正实施。在此背景下，各地区均产生了不同程度的负债行为。

第二阶段：明令禁止阶段（1985—2008 年）。自 1985 年国务院禁止地方政府发行债券开始，到 1995 年《中华人民共和国预算法》实施。地方政府自主负债行为被明令禁止，但是融资平台公司的产生使得地方政府会通过变相负债的方式来筹集资金。

第三阶段：试点规范阶段（2009 年至今）。2008 年全球金融危机爆发促使中国重新审视现有的财政管理体制，激发地方政府的活力成为维持中国经济稳定健康发展的重要问题。在经历了地方政府债券的“代发代还”“自发代还”之后，以 2015 年新修订的《中华人民共和国预算法》为标志，债券发行成为地方政府进行债务融资的唯一手段。

（二）2014 年以来的地方政府债务治理

2008 年的全球金融危机极大地震撼着世界的经济秩序，也对中国的经济发展产生了重要的影响。为了提振经济发展，中国制定了“四万亿”的投资计划，开始有目的地进行基础设施建设。在财政分权、预算软约束以及晋升激励等因素的刺激下，地方政府又出台了超过 20 万亿元的投资计划，虽然在短期内提升了经济发展速度，但是从 2013 年开始，地方政府债务所产生的违约风险加速暴露，并开始向金融部门传导，大有形成系统性金融风险的趋势。

根据审计署的调查数据，截至 2013 年 6 月，全国总债务规模为 30. 27

万亿元，其中地方政府债务规模（包括政府负有偿还责任、担保责任和可能承担一定救助责任的各类债务）高达 17.89 万亿元，占总债务规模的 59.1%。2013 年 11 月，党的十八届三中全会提出“建立规范合理的中央和地方政府债务管理及风险预警机制”的要求，是加强地方政府债务风险防范的重要举措。2017 年全国金融工作会议进一步提出“要严控地方政府债务增量，终身问责，倒查责任”，党的十九大报告更是明确提出了“守住不发生系统性金融风险的底线”，党的二十大报告则再次强调“守住不发生系统性风险底线”。

在一系列中央会议的指示下，国务院、财政部等相继出台了具体的地方政府债务治理措施。其中具有重要意义的便是 2014 年出台的《国务院关于加强地方政府性债务管理的意见》（国发〔2014〕43 号）和《国务院关于深化预算管理制度改革的决定》（国发〔2014〕45 号）。国发〔2014〕43 号主要规范了地方政府举债融资机制，要求对地方政府债务实行规模控制和预算管理。国发〔2014〕45 号则提出了地方政府举债只能采用政府债券的方式，并剥离了融资平台公司的政府融资职能。

在国务院 43 号文和 45 号文的指引下，2015 年新修订的《中华人民共和国预算法》开始允许地方政府发行债券进行融资，财政部也出台了地方政府一般债券和地方政府专项债券的预算管理办法（财预〔2015〕32 号、财预〔2015〕47 号）。后续财政部又出台了《关于对地方政府债务实行限额管理的实施意见》（财预〔2015〕225 号），要求对地方政府债务余额实施限额管理，并根据债务风险、财力状况等因素统筹各地区的债务融资需求，一般债务纳入一般公共预算管理、专项债务纳入政府性基金预算管理。

随后，《国务院办公厅关于印发〈地方政府性债务风险应急处置预案〉的通知》（国办函〔2016〕88 号）提出建立健全地方政府性债务风险应急处置的工作机制，将 2014 年末地方政府性债务（包括存量政府债务和存量或有债务）称为存量债务。并且该文件指出，对于地方政府债券，地方政府依法承担全部偿还责任；存量担保债务和存量救助债务则不属于政府债务。财政部的《地方政府性债务风险分类处置指南》（财预〔2016〕152号）则是国办函〔2016〕88号的配套文件，进一步提出“对非政府债券形式的存量政府债务，债权人同意在规定期限内置换为政府债券的，政府承担全部偿还责任；债权人不同意在规定期限内置换为政府债券的，仍由原债务人依法承担偿债责任，对应的地方政府债务限额由中央统一收回”。

虽然上述系列文件对地方政府债务形成了较好的治理体系，但是2015—2017年地方政府举债的“后门”并未完全关紧（毛捷和徐军伟，2019）。一方面，一部分债务仍未纳入地方政府存量债务，仍有可能由地方政府负有偿还责任或救助责任。另一方面，2015年后新成立的事业单位和融资平台公司仍开展某些非市场化举债业务，包括地方国有企事业单位替政府举债或由地方政府（或当地财政部门）提供直接、间接担保进行举债，或是地方政府在设立各类产业基金、投资基金、政府与社会资本合作（Public-Private Partnerships，PPP）的过程中承诺保底收益、购买服务等形成的未来实际支出事项债务等。

面对地方政府债务融资过程中的新现象，财政部出台《关于规范政府和社会资本合作（PPP）综合信息平台项目库管理的通知》（财办金〔2017〕92号），提出“防止PPP异化为新的融资平台”的要求，《关于坚决制止地方以政府购买服务名义违法违规融资的通知》（财预〔2017〕87号）也提出“规范政府购买服务管理，制止地方政府违法违规举债融资行为，防范化解财政金融风险”“严禁将金融机构、融资租赁公司等非金融机构提供的融资行为纳入政府购买服务范围”“严禁利用或虚构政府购买服务合同违法违规融资”等要求，《关于进一步规范地方政府举债融资行为的通知》（财预〔2017〕50号）则提出“全面组织开展地方政府融资担保清理整改工作”“切实加强融资平台公司融资管理”“地方政府不得以借贷资金出资设立各类投资基金，严禁地方政府利用PPP、政府出资的各类投资基金等方式违法违规变相举债”。除上述文件外，财政部、银监会、保监会、国家发展改革委等部门也相继出台一系列文件（银监发〔2017〕

6号，财金〔2018〕23号、保监发〔2018〕6号、发改办财金〔2018〕194号、发改外资〔2018〕706号），有力地保障了地方政府债务管理措施的执行效率。

表 2-3　2014 年以来的地方政府债务相关政策文件

年份	文件名称	文件数量
2014	《关于加强地方政府性债务管理的意见》（国发〔2014〕43号） 《关于深化预算管理制度改革的决定》（国发〔2014〕45号）	2
2015	《关于对地方政府债务实行限额管理的实施意见》（财预〔2015〕225号） 《2015年地方政府一般债券预算管理办法》（财预〔2015〕47号） 《2015年地方政府专项债券预算管理办法》（财预〔2015〕32号） 《关于印发〈地方政府一般债券发行管理暂行办法〉的通知》（财库〔2015〕64号） 《关于做好2015年地方政府一般债券发行工作的通知》（财库〔2015〕68号） 《关于印发〈地方政府专项债券发行管理暂行办法〉的通知》（财库〔2015〕83号） 《关于做好2015年地方政府专项债券发行工作的通知》（财库〔2015〕85号）	7
2016	《财政部驻各地财政监察专员办事处实施地方政府债务监督暂行办法》（财预〔2016〕175号） 《国务院办公厅关于印发〈地方政府性债务风险应急处置预案〉的通知》（国办函〔2016〕88号） 《地方政府性债务风险分类处置指南》（财预〔2016〕152号）（国办函〔2016〕88号的配套文件） 《地方政府一般债务预算管理办法》（财预〔2016〕154号）（《预算法》、国发〔2014〕43号配套文件） 《地方政府专项债务预算管理办法》（财预〔2016〕155号）（《预算法》、国发〔2014〕43号配套文件） 《关于做好2016年地方政府债券发行工作的通知》（财库〔2016〕22号）	6
2017	《关于规范政府和社会资本合作（PPP）综合信息平台项目库管理的通知》（财办金〔2017〕92号） 《地方政府土地储备专项债券管理办法（试行）》（财预〔2017〕62号） 《关于坚决制止地方以政府购买服务名义违法违规融资的通知》（财预〔2017〕87号） 《关于进一步规范地方政府举债融资行为的通知》（财预〔2017〕50号） 《关于试点发展项目收益与融资自求平衡的地方政府专项债券品种的通知》（财预〔2017〕89号） 《地方政府收费公路专项债券管理办法（试行）》（财预〔2017〕97号） 《新增地方政府债务限额分配管理暂行办法》（财预〔2017〕35号） 《中国银监会关于银行业风险防控工作的指导意见》（银监发〔2017〕6号） 《关于做好2017年地方政府债券发行工作的通知》（财库〔2017〕59号）	9

续表

年份	文件名称	文件数量
2018	《关于规范金融企业对地方政府和国有企业投融资行为有关问题的通知》（财金〔2018〕23号） 《关于加强保险资金运用管理支持防范化解地方政府债务风险的指导意见》（保监发〔2018〕6号） 《关于进一步增强企业债券服务实体经济能力严格防范地方债务风险的通知》（发改办 财金〔2018〕194号） 《关于完善市场约束机制 严格防范外债风险和地方债务风险的通知》（发改外资〔2018〕706号） 《关于印发〈地方政府债务信息公开办法（试行）〉的通知》（财预〔2018〕209号） 《关于印发〈试点发行地方政府棚户区改造专项债券管理办法〉的通知》（财预〔2018〕28号） 《关于做好2018年地方政府债务管理工作的通知》（财预〔2018〕34号） 《关于做好2018年地方政府债券发行工作的意见》（财库〔2018〕61号） 《关于印发〈地方政府债券公开承销发行业务规程〉的通知》（财库〔2018〕68号） 《关于做好地方政府专项债券发行工作的意见》（财库〔2018〕72号） 《关于印发〈地方政府债券弹性招标发行业务规程〉的通知》（财库〔2018〕74号）	11
2019	《关于印发〈土地储备项目预算管理办法（试行）〉的通知》（财预〔2019〕89号） 《关于做好地方政府专项债券发行及项目配套融资工作的通知》（中共中央办公厅：厅字〔2019〕33号） 《财政部关于开展通过商业银行柜台市场发行地方政府债券工作的通知》（财库〔2019〕11号） 《关于做好地方政府债券发行工作的意见》（财库〔2019〕23号）	4
2020	《关于加快地方政府专项债券发行使用有关工作的通知》（财预〔2020〕94号） 《关于进一步做好地方政府债券发行工作的意见》（财库〔2020〕36号） 《关于印发〈地方政府债券发行管理办法〉的通知》（财库〔2020〕43号）	3

第三节 地方政府债务的存在形式、测度及规模

一、地方政府债务的存在形式

（一）地方政府融资平台

1995年1月1日施行的《中华人民共和国预算法》、1995年10月1日施行的《中华人民共和国担保法》和1996年8月1日施行的《贷款通则》

均对地方政府直接举借债务的能力进行了限制。

但是《中华人民共和国土地管理法》明确了城市基础设施用地和公益事业用地及国家重点扶持的能源、交通、水利等基础设施用地，可采取划拨方式取得；同时规定确需改变土地用途的，需报原土地行政主管部门和规划管理部门同意。此外，《国务院关于投资体制改革的决定》（国发〔2004〕20号）、《企业债券管理条例》（中华人民共和国国务院令第121号）、《关于进一步改进和加强企业债券管理工作的通知》（发改财金〔2004〕1134号）和《银行间债券市场非金融企业债务融资工具管理办法》（中国人民银行令2008年第1号）为地方政府和企业通过“代建制”方式实施基础设施等公益性项目的投资建设、在银行间债券市场发行债务融资工具等进行了规定。土地制度及金融制度是地方政府设立融资平台公司的制度基础，为地方政府变相举债提供了可能。

自1987年上海久事公司建立到1997年亚洲金融危机爆发，融资平台公司作为地方政府的投融资主体扮演了重要的角色。特别是2008年金融危机之后，在中央政府“四万亿”投资计划的刺激之下，融资平台公司的发展迎来了黄金时期。《关于进一步加强信贷结构调整促进国民经济平稳较快发展的指导意见》（银发〔2009〕92号）首次提出要支持融资平台公司发展，以拓宽基础设施项目的融资渠道。但是，伴随数量和规模的快速增长，地方政府融资平台公司的债务风险开始受到社会各界的关注。为避免无序增长、有效管控风险，2010年颁布的《国务院关于加强地方政府融资平台公司管理有关问题的通知》（国发〔2010〕19号）要求地方各级政府全面清理融资平台公司债务，具体措施包括明确对融资平台公司的界定、要求银行对融资平台公司贷款“逐包打开，逐笔核对，重新评估，整改保全”等。但由于缺乏法律层面的制度保障，影响了对融资平台公司的治理效果。

2015年1月1日新修改的《中华人民共和国预算法》赋予地方政府通过发行地方政府债券的方式进行融资的职能，融资平台公司开始与地方政府剥离，《国务院关于加强地方政府性债务管理的意见》（国发〔2014〕43

号）、《关于进一步规范地方政府举债融资行为的通知》（财预〔2017〕50号）、《关于坚决制止地方以政府购买服务名义违法违规融资的通知》（财预〔2017〕87号）、《关于规范金融企业对地方政府和国有企业投融资行为有关问题的通知》（财金〔2018〕23号）均规定地方政府不得通过企事业单位举债。但是地方与社会资本合作项目（PPP）、政府投资基金等新的投融资模式已然成为融资平台公司扩张债务的重要手段，刺激了隐性债务规模的增加。

整体来看，地方政府融资平台公司的发展经历了四个阶段（毛捷和徐军伟，2019）：第一，融资平台的孵化时期（1987—1996年）；第二，融资平台的巩固发展时期（1997—2007年）；第三，融资平台的加速发展期（2008—2014年）；第四，融资平台的转型发展期（2015年至今）。融资平台公司债务的产生及风险暴露也成为关注地方政府债务的重要切入点。

（二）地方政府债券

自1995年《中华人民共和国预算法》禁止地方政府自主发行债券融资之后，融资平台公司成为地方政府变相举债的重要渠道。直到《2009年地方政府债券预算管理办法》（财预〔2009〕21号）的颁布，地方政府直接举债由明令禁止变成了可能，“代发代还”的地方政府债券发行模式予以确立。2011年，国务院批准上海、浙江、广东和深圳（2013年增补江苏和山东作为试点）在国务院批准额度内试点自行发行债券，但仍由财政部代办还本付息，“自发代还”的债券融资模式产生。随后，《2014年地方政府债券自发自还试点办法》（财库〔2014〕57号）在六个试点地区的基础上增加北京、青岛、江西和宁夏，开始试点“自发自还”的地方政府债券发行模式，并推动地方政府信用评级制度的建立。

直至2015年1月1日新修订的《中华人民共和国预算法》实施，地方政府开始执行在预算约束下的政府债券融资，并提出了地方政府债务的限额管理以及规范地方政府债务预算管理工作的具体要求。中国的地方政府债务融资管理进入了新的历史时期。但是，政府购买服务、政府与社会资本合作、政府投资基金、资管计划等形式也给政府财政增加了负担，在2015年之后成为政府隐性债务的重要组成部分。

二、地方政府债务的测度

从历史演变看，地方政府债务的存在形式经历了从融资平台公司所代表的间接债务到地方政府债券所代表的直接债务的变化过程。但是，对于地方政府债务的测度却存在显性债务和隐性债务的争议，从隐性债务衍生出的地方政府债务违约风险则成为近十年来困扰中国经济健康运行的重大威胁，如何准确匡算出地方政府债务的显性债务和隐性债务成为学术界关注的焦点。

（一）融资平台公司的债务规模衡量

地方政府投融资平台公司是指由地方政府及其部门和机构等通过财政拨款或注入土地、股权等资产设立，从事政府指定或委托的公益性或准公益性项目的融资、投资、建设和运营，拥有独立法人资格的经济实体。

地方政府融资平台公司债务产生的制度根源在于土地财政。在中国的土地制度下，城市土地属于国家所有。一方面，融资平台公司的银行借款以土地为保证。地方政府通过转让或拨付等方式可以将土地划拨给融资平台公司，融资平台公司再将获取的土地抵押给商业银行来取得银行借款，并以地方政府的信用作为担保。另一方面，融资平台城投债的发行也以土地使用权作为抵押。城投债本质上是一种企业债，还款来源应该为城投公司的营运收益。但是由于存在地方政府隐性担保，城投债的还款责任会转嫁到地方政府，承诺土地出让收入成为80%城投债未来债务偿还的收益来源。此外，融资平台公司还会通过融资租赁、项目融资、信托私募等资本市场进行融资。

作为地方政府债务融资的主体，现有文献多以融资平台公司所产生的债务来研究地方政府债务规模（蒲丹琳和王善平，2014；陈菁和李建发，2015；钟辉勇和陆铭，2015；罗党论和佘国满，2015；张莉等，2018；杨继东等，2018；余海跃和康书隆，2020；向辉和俞乔，2020），但是在具体测度过程中却存在不同的衡量尺度，主要方法包括三种：

第一，以融资平台公司的城投债规模衡量地方政府债务规模。这种度量方法主要搜集省区内融资平台公司在债券市场（包括银行间债券市场和交易所债券市场）所发行的城投债规模。典型的城投债包括公司债、企业债、中期票据、短期融资券、私募债等各种类型的债券。

第二，以融资平台公司带息债务来衡量地方政府债务规模。在具体衡量过程中包括了融资平台公司的银行贷款、城投债券，以及一年内到期的长期债务等。余海跃和康书隆（2020）、向辉和俞乔（2020）认为此种度量方法包含了融资平台公司非公开发行的债务，能够避免单纯关注城投债所导致的地方政府债务规模低估问题。

第三，蒲丹琳和王善平（2014）单纯以融资平台公司所获取的银行贷款来度量地方政府债务规模，但此种方法的现实应用目前较少。

（二）预算约束恒等式匡算地方政府债务

基于地方政府债务的形成原理，以政府预算约束恒等式为基本理论，可以从政府财政收入与支出的角度进行估算。这一估算方法在徐佳杰（2014）、蔡宁和刘勇（2017）的研究中已有应用。

地方政府的预算约束恒等式可以表示为：

$$G_t - T_t = TR_t + PD_t \tag{2-1}$$

其中，G_t、T_t、TR_t 和 PD_t 分别代表地方政府的财政支出、财政收入、中央政府的转移支付以及新增地方政府债务。

由于地方政府债务余额是上年债务的本利和加上本年的新增债务，因此，新增地方政府债务满足如下恒等式：

$$B_t = (1+r_t) \times B_{t-1} + PD_t \tag{2-2}$$

其中，B_t 和 r_t 分别代表第 t 年末地方政府的债务余额和借款利率。

结合式（2-1）和式（2-2），我们可以得到如下跨期预算约束恒等式：

$$B_t = (1+r_t) \times B_{t-1} + G_t - T_t - TR_t \tag{2-3}$$

（三）固定资产恒等式匡算地方政府债务

地方政府债务应该包括政府负有偿还责任、担保责任和可能承担一定救助责任的各类债务。张忆东和李彦霖（2013）认为地方政府负债的产生，本质上来自其承担的庞大的市政基础设施建设投资，因此我们可以利用地方政府的投资支出减去地方政府可用的收入来估计负债。吴小强和韩立彬（2017）也提出中国的地方政府债务具有鲜明的结构性特征，大量的地方政府债务不是用于行政性支出和经常性支出，而是用于地方市政建设、交通运输和土地储备等公共投资支出领域。

因此，以地方政府投资减去地方政府可用收入表示地方政府债务的估计值，并以各年度全国地方政府债务余额总量实际数据予以修正，可以匡算出各地区地方政府债务规模。吕健（2015）、洪源等（2015）、项后军等（2017）、刘欢等（2020）在研究中均证实了这种估计手段的有效性。

具体来看，参照张忆东和李彦霖（2013）的估算方法，根据地方政府债务的资金恒等式，地方政府在市政领域的固定资产投资金额与地方政府自有可用投资金额的差额，就是地方政府需要通过负债来弥补的资金缺口。具体计算公式如下：

地方政府新增债务规模（*DB*）

=地方政府市政领域固定资产投资总额（*UI*）－

地方政府自有可用资金（*PR*）

=地方政府市政领域固定资产投资总额（*UI*）－

公共财政预算内的投资资金（*BG*）－

公共财政预算外土地出让收益中用于投资的资金（*LA*）－

地方政府在市政领域投资项目的盈利现金流入（*CA*）

（2-4）

公式中各项指标具体含义如下：

第一，地方政府市政领域固定资产投资总额（*UI*）：根据国家统计局的分类标准，以下 7 个行业属于市政领域投资范围：电力、燃气及水的生产和供应业；交通运输、仓储和邮政业；水利、环境和公共设施管理业；科学研究、技术服务和地质勘探业；教育；卫生、社会保障和社会福利业；公共管理和社会组织。由于以上行业的固定资产投资主要由地方政府承担，因此，我们将各地区当期上述 7 个领域的固定资产投资之和作为各地区当期地方政府市政领域固定资产投资总额。

第二，公共财政预算内的投资资金（*BG*）：由于国家预算内资金大部分都投资于上述 7 个领域，因此，我们将各地区当期全社会固定资产投资中的国家预算内资金作为各地区当期公共财政预算内的投资资金。

第三，公共财政预算外土地出让收益中用于投资的资金（*LA*）：大部分地方政府预算内收入主要用于经常性项目开支，仅有大约 10%用于资本性项目开支（张忆东和李彦霖，2013）。各地区当期土地出让收益扣除相关必要开支后的土地出让纯收益是地方政府基础建设重要的资金来源，因而我们以土地出让纯收益衡量公共财政预算外土地出让收益中用于投资的资金。

第四，地方政府在市政领域投资项目的盈利现金流入（*CA*）：每年大约 50%的资金投入营利性项目中，包括电力、热力、水、道路建设等，另外 50%的资金投入社会保障福利、科学研究、水利环境等非营利性项目中。整体而言，政府投资项目维持零利润，因此，地方政府投资项目的盈利现金流入仅来源于固定资产折旧。借鉴张军等（2004）的方法估算每个省当年的折旧率，再乘以上一年度市政领域固定资产投资总额得到折旧额，以此作为地方政府在市政领域投资项目的盈利现金流入。

（四）地方政府债务度量方法的比较

以融资平台公司为基础的地方政府债务测度偏重于对金融数据的估算。固定资产恒等式和预算约束恒等式则从政府收支的角度来匡算地方政府债务，不同的是，固定资产恒等式偏重于基础设施所产生的债务，而预算约束恒等式则主要考虑政府的经常性债务。

杨灿明和鲁元平（2015）认为张忆东和李彦霖（2013）所提出的固定资产恒等式从测算方法来看最为细致，综合考虑了财政收入和支出的各种因素，能够估算出各省份地方政府债务的具体规模。因此，本书在后续实证检验中主要以固定资产恒等式所匡算的地方政府债务规模展开。

三、地方政府债务的规模

中国的财政管理体制管理走过了财政承包制改革和分税制改革的历史阶段，也支撑了中国经济的起步和腾飞。自从党的十九届五中全会提出“建立现代财税体制的目标”之后，中央和地方财政关系调整也被赋予新的历史内涵和任务。

依照中国财政管理体制的内在特征，本部分依据前文提到的估算地方政府债务的方法，采用融资平台、预算约束恒等式、固定资产恒等式等方法匡算了地方政府债务规模，并依据2015年《中华人民共和国预算法》的修改要求，梳理了2015—2021年地方政府债务的发行规模。表2-4列示了不同计算维度下的地方政府新增债务。

对表2-4有两点需要说明：第一，固定资产恒等式法下匡算地方政府新增债务涉及的宏观数据较多，部分关键数据从2018年开始不再披露，因此该方法对新增债务的估计截止到2017年；第二，中国从2015年开始允许地方政府发行债券来满足融资需求，因此地方政府债券匡算的新增债务起始点为2015年。

表2-4　不同计算维度下的地方政府债务规模　（单位：亿元）

年份	融资平台新增债务	预算约束恒等式法新增债务	固定资产恒等式法新增债务	地方政府债券新增债务
2007	563.50	3917.66	15160.22	—
2008	704.00	5722.97	18910.61	—
2009	2491.30	8725.83	26062.89	—
2010	2777.00	9382.03	27643.61	—

续表

年份	融资平台新增债务	预算约束恒等式法新增债务	固定资产恒等式法新增债务	地方政府债券新增债务
2011	3559.60	10502.88	26610.79	—
2012	10179.80	13036.71	33330.27	—
2013	12802.80	12220.93	37712.13	—
2014	21193.65	14054.77	50687.95	—
2015	16990.71	19769.59	62634.37	38350.62
2016	28828.30	20697.55	79241.31	60458.40
2017	20648.63	24361.18	88899.61	43580.94
2018	22653.04	27820.56	—	41640.67
2019	34082.35	34977.92	—	43686.29
2020	49073.33	33494.32	—	64438.13
2021	61520.97	31904.75	—	74826.30

数据来源：融资平台新增债务的数据来自 Wind 数据库；预算约束恒等式法匡算地方政府新增债务的数据主要来自《中国财政年鉴》；固定资产恒等式法匡算地方政府新增债务的数据主要来自《中国统计年鉴》《中国国土资源统计年鉴》；地方政府债券新增债务的数据根据中国债券信息网“地方政府债券专栏”手工整理。

（一）地方政府融资平台产生的地方政府债务

表 2-4 的第 1 列采用 2007—2021 年地方政府融资平台所发行的城投债来度量地方政府债务规模。整体上融资平台所发行的城投债从 2007 年的 563.50 亿元增长到了 2021 年的 61520.97 亿元，增长了将近 100 倍。如此巨量的城投债规模上升不仅印证了中国地方政府债务规模急剧增加的现实状况，也说明了地方政府融资平台在地区经济发展中扮演了越来越重要的角色。

尤其是在 2008—2010 年，伴随金融危机的爆发和“四万亿”经济刺激计划的出台，城投债规模从 704.00 亿元上升至 2777.00 亿元，印证了财政政策在中国走出经济危机过程中的关键作用。但是随着中国经济进入后危机时代，城投债的规模并没有缩减，反而在 2011—2014 年呈现持续上涨的态势，从 3559.60 亿元蹿升至 21193.65 亿元，上升了 495.39%，城投债爆发式增长所隐藏的违约风险快速暴露，如何治理城投债的风险问题成为国家层面的关注要点。尽管国务院从 2010 年开始发布对城投债治理的相关文件（国发〔2010〕19 号），要求地方各级政府全面清理融资平台公司债务，但是收效甚微。

2015 年 1 月 1 日新修改的《中华人民共和国预算法》赋予地方政府发行地方政府债券进行融资的职能，加之国发〔2014〕43 号、国发〔2014〕45 号将融资平台与地方政府进行剥离，城投债作为地方政府债务融资的方式受到抑制，2015—2018 年，融资平台所发行的城投债规模大体稳定在了 20000 亿元上下，证实了国家治理城投债初见成效。但是从 2019—2021 年的城投债规模变化来看，融资平台的新增债务再次呈现迅速上涨的趋势，虽然中国经济的增长压力和新冠疫情的冲击可以部分解释城投债规模在此期间的快速上涨，但是如此大规模的债务积累所隐藏的风险应该再次引起中央和地方政府的高度重视。

（二）预算约束恒等式法匡算的地方政府债务

预算约束恒等式法下的地方政府债务规模匡算主要以政府预算约束恒等式为基本理论，考虑了政府的财政收入和支出平衡。根据 2007—2021 年《中国财政年鉴》的相关数据，我们运用预算约束恒等式法匡算了地方政府债务规模。

2007—2021 年，预算约束恒等式法下的地方政府新增债务从 3917.66 亿元上升到了 31904.75 亿元，增长了 714.38%，见证了中国地方政府债务规模的快速膨胀。特别地，在地方政府新增债务在 2011 年突破 10000 亿元之后，2016 年再次突破 20000 亿元，并于 2019 年超过 30000 亿元，增长速度明显加快。

并且，比较融资平台发行城投债所匡算的地方政府债务和预算约束恒等式法所匡算的地方政府债务可以明显发现，中国地方政府的融资方式开始从政府融资向融资平台融资进行转变，2007 年城投债规模仅有 563.50 亿元，预算约束恒等式法下的地方政府债务则达到 3917.66 亿元，二者差距巨大。但是在 2021 年，城投债的规模则明显超过预算约束恒等式法所匡算的地方政府债务。

一般认为，地方政府融资平台所发行的城投债是地方政府及其部门和机构通过财政拨款或注入土地、股权等资产设立的，具有地方政府的隐性担保，属于地方政府隐性债务的重要组成部分，其规模超过预算约束恒等式法下的地方政府债务充分说明地方政府融资方式和融资手段的多样化、隐蔽化，也证实了中央政府出台法律、政策治理地方政府融资的必要性。

（三）固定资产恒等式法匡算的地方政府债务

在固定资产恒等式的匡算方法下，地方政府债务的新增规模从 2007 年的 15160.22 亿元上升到了 2017 年的 88899.61 亿元。由于固定资产恒等式所提出的地方政府债务匡算方法相对最为细致，考虑到各种可能影响地方政府债务规模的因素，所以该计算方法下的地方政府债务规模远远高于融资平台和预算约束恒等式法所匡算的地方政府债务规模。

根据刘欢等（2020）的方法，将固定资产恒等式所匡算的地方政府债务进一步细化。表 2-5 列示了经全国 31 个省份数据加总得到的 2007—2017 年中国地方政府债务规模的估算情况。根据审计署 2011 年 6 月公布的地方政府债务总体情况，截至 2010 年底，地方政府总负债余额为 107174.91 亿元。从未来偿债年度看，2010 年底地方政府性债务余额中，2011 年、2012 年到期需偿还的分别占 24.49%、17.17%，2013—2015 年到期需偿还的分别占 11.37%、9.28% 和 7.48%，2016 年及以后到期需偿还的占 30.21%。审计署 2013 年 12 月公布的全国政府性债务审计结果显示，2012 年末，地方政府总负债余额为 158858.32 亿元，2013 年 6 月末，地方政府总负债余额为 178908.66 亿元。从未来偿债年度看，2013 年 6 月末的地方政府性债务余额在2013年7—12月、2014年到期需偿还的分别占18.41%、19.94%，2015—2017年到期需偿还的分别占15.52%、10.86%和7.99%，2018年及以后到期需偿还的占27.27%。经过简单推算可知，地方政府债务的偿还期在5~6年。

结合表中数据结果，本方法估算的2010年末地方政府债务余额在偿还期为5年和6年时分别为102996.20亿元和116261.80亿元，2012年末地方政府债务余额在偿还期为5年和6年时分别为132558.20亿元和147718.40亿元，即地方政府债务余额的真实值基本介于偿还期为5年和6年的估算值之间，可见本方法的估算结果较为准确。

表2-5　中国地方政府债务规模估算情况　　（单位：亿元）

年份	地方政府债务增量	地方政府债务存量（偿还期5年）	地方政府债务存量（偿还期6年）
2007	15160.22	—	—
2008	18910.61	—	—
2009	26062.89	88618.16	—
2010	27643.61	102996.20	116261.80
2011	26610.79	114388.10	129607.00
2012	33330.27	132558.20	147718.40
2013	37712.13	151359.70	170270.30
2014	50687.95	175984.80	202047.70
2015	62634.37	210975.50	238619.10
2016	79241.31	263606.00	290216.80
2017	88899.61	319175.37	352505.64

注：受数据可得性影响，地方政府债务规模增量数据从2005年开始计算可得。

数据来源：固定资产恒等式法所匡算的地方政府债务相关数据来自《中国统计年鉴》《中国国土资源统计年鉴》。

经过上述分析可知，固定资产恒等式所匡算的地方政府债务确实具有一定的合理性和准确性，我们有理由相信这种匡算方法最能反映地方政府隐性债务和显性债务的整体规模，在缺乏直接可用的地方政府债务衡量指标的情况下，该算法应该是最优的替代选择。但是计算该指标所涉及的宏观经济数据比较复杂，并且在2018年后部分关键数据无法通过统计年鉴直接获得，导致该指标存在无法更新的问题，因此固定资产恒等式所匡算的地方政府债务规模仅能更新到2017年。

（四）地方政府债券匡算的地方政府债务

2015年1月1日之后，《中华人民共和国预算法》规定地方政府融资仅能通过发行地方政府债券一个途径，融资平台公司的政府融资职能被剥离，地方政府债务的管理进入了一个新的阶段。

根据财政部的地方政府债券管理办法（财预〔2015〕32号、财预〔2015〕47号、财预〔2015〕225号），地方政府债券分为一般债券和专项债券，并且地方政府债务余额实行限额管理。其中，一般债券收入、安排的支出、还本付息、发行费用纳入一般公共预算管理；专项债券收入、安排的支出、还本付息、发行费用纳入政府性基金预算管理。

表2-6列示了地方政府债券发行规模。由表可知，2015—2021年，地方政府债券发行总规模从38350.62亿元上升至74826.30亿元。对比融资平台所发行的城投债规模可知，当地方政府被赋予融资职能后，其债务规模显著超过融资平台的债务规模，印证了地方政府巨大的融资需求，也暗含了单纯的城投债规模无法准确度量地方政府债务规模的观点。将地方政府债券按照一般债券和专项债券分类可知，一般债券的规模稳定在20000亿元左右，最高的是2016年的35339.85亿元；专项债券的规模则从2015年的9743.70亿元上升至2021年的49190.13亿元，增长了404.84%。二者差异化的增长趋势说明地方政府债券发行结构的显著变化，一般债券的发行规模占债券总额的比例从2015年的74.59%下降到了2021年的34.26%，专项债券的发行规模占债券总额的比例从2015年的25.41%上升到了2021年的65.74%。

自1995年地方政府被禁止自主发行债券融资后，2015年《中华人民共和国预算法》的修改实现了地方财政体制的重大改革和创新。随着地方政府债券发行规模上升，地方政府融资开始从隐性走向显性，有利于中国财政管理体制的进一步完善和发展。未来对于地方政府债券监管机制的改革、地方政府信用评级机制的建立、地方政府债券融资绩效评估等的讨论，将成为学术界和实务界的关注焦点。

表 2-6　地方政府债券发行规模　（单位：亿元）

年份	新增债券总额	新增一般债券	新增专项债券	新增一般债券占债券总额比例（%）	新增专项债券占债券总额比例（%）
2015	38350.62	28606.92	9743.70	74.59	25.41
2016	60458.40	35339.85	25118.56	58.45	41.55
2017	43580.94	23619.35	19961.59	54.20	45.80
2018	41640.67	22177.60	19463.07	53.26	46.74
2019	43686.29	17739.19	25921.82	40.61	59.34
2020	64438.13	23033.66	41404.47	35.75	64.25
2021	74826.30	25636.18	49190.13	34.26	65.74

数据来源：地方政府债券的相关数据来自中国债券信息网“地方政府债券专栏”手工整理。

第四节　本章小结

本章聚焦中国制度背景下中国地方政府财政制度的变迁，中国地方政府债务的产生、测度和治理，以及地方政府债务的规模。整体来看，中国地方财政制度在新中国成立之初便确立了“统收统支”的高度集中的财政管理体制，伴随改革开放逐步进入了“放权让利”的过程，经历了财政承包制改革（1980—1993 年）、分税制改革（1994 年至今）两个阶段。随着财政制度改革的深化，以理顺中央和地方财权和事权不匹配为目标的现代财税体制建设成为远景规划。

从中国地方政府债务产生的制度背景来看，分税制改革背景下地方政府有通过债务促进经济增长的内在动机，尤其是 1997 年的亚洲金融危机和 2008 年的全球金融风暴更是激发了地方政府债务规模的急速扩张，引发地方政府债务违约风险向实体经济传导的担忧。在此背景下，本章梳理了中国治理地方政府债务的相关政策，并讨论了地方政府债务的计算方法，提出了地方政府融资平台发行的城投债、预算约束恒等式、固定资产恒等式、地方政府债券等多种测度地方政府债务规模的手段。

本章最后以不同的地方政府债务测度指标为基础，分类整合了地方政府债务规模的测算结果，并说明了不同测度指标的科学性和合理性，为后续开展实证研究奠定了坚实的基础。

本章参考文献

［1］蔡宁，刘勇．中国省级地方政府债务规模预测——基于全口径财政收支框架的研究［J］．金融论坛，2017（2）：25-34.

［2］陈菁，李建发．财政分权、晋升激励与地方政府债务融资行为——基于城投债视角的省级面板经验证据［J］．会计研究，2015（1）：61-67.

［3］郭庆旺，贾俊雪．中国地方政府规模和结构优化研究［M］．北京：中国人民大学出版社，2012.

［4］何德旭，王学凯．地方政府债务违约风险降低了吗？——基于31个省区市的研究［J］．财政研究，2020（2）：9-26.

［5］洪源，秦玉奇，王群群．地方政府债务规模绩效评估，影响机制及优化治理研究［J］．中国软科学，2015（11）：161-175.

［6］贾俊雪．中国财政分权、地方政府行为与经济增长［M］．北京：中国人民大学出版社，2015.

［7］刘欢，周会洋，侯粲然．地方政府债务与企业创新［J］．会计研究，2020（9）：163-177.

［8］罗党论，佘国满．地方官员变更与地方债发行［J］．经济研究，2015（6）：131-146.

［9］吕健．地方债务对经济增长的影响分析——基于流动性的视角［J］．中国工业经济，2015（11）：16-31.

[10] 毛捷，徐军伟．中国地方政府债务问题研究的现实基础——制度变迁，统计方法与重要事实［J］．财政研究，2019（1）：3-23.

[11] 蒲丹琳，王善平．官员晋升激励、经济责任审计与地方政府投融资平台债务［J］．会计研究，2014（5）：88-93.

[12] 吴小强，韩立彬．中国地方政府债务竞争：基于省级空间面板数据的实证研究［J］．财贸经济，2017（9）：48-62.

[13] 向辉，俞乔．债务限额、土地财政与地方政府隐性债务［J］．财政研究，2020（3）：55-70.

[14] 项后军，巫姣，谢杰．地方债务影响经济波动吗［J］．中国工业经济，2017（1）：43-61.

[15] 徐家杰．对分税制改革以来我国地方政府债务规模的估计——以浙豫疆三省区为例［J］．经济理论与经济管理，2014（9）：15-25.

[16] 杨灿明，鲁元平．我国地方债数据存在的问题、测算方法与政策建议［J］．财政研究，2015（3）：50-57.

[17] 杨继东，杨其静，刘凯．以地融资与债务增长——基于地级市面板数据的经验研究［J］．财贸经济，2018（2）：52-68.

[18] 余海跃，康书隆．地方政府债务扩张、企业融资成本与投资挤出效应［J］．世界经济，2020（7）：49-72.

[19] 张莉，年永威，刘京军．土地市场波动与地方债——以城投债为例［J］．经济学（季刊），2018（3）：1103-1126.

[20] 张军，吴桂英，张吉鹏．中国省际物质资本存量估算：1952—2000［J］．经济研究，2004（10）：35-44.

[21] 张忆东，李彦霖．地方债务清查及“排雷”风险［R］．兴业证券 A 股策略报告，2013.

[22] 钟辉勇，陆铭．财政转移支付如何影响了地方政府债务？［J］．金融研究，2015（9）：1-16.

第三章

文献综述

第一节　地方政府债务发行的影响因素

一、财政分权与地方政府债务发行

中央和地方财政关系是政府间权责划分的基本组成部分，也是现代国家治理的重要方面。财政分权是指中央政府赋予地方政府在债务安排、税收管理和预算执行方面一定的自主权。Baskaran（2010）指出财政分权具有两面性，一方面，权力的下放可以使地方政府能够根据当地的地理、文化特点来制定适合的政策，同时不同地区的竞争也能够约束中央政府的过度征税；另一方面，财权与事权的分离会降低政府策略的稳定性，不利于收入再分配，可能会导致更大的财政缺口以及过度负债（Goodspeed，2002）。基于理论分析存在的差异，Baskaran（2010）以 17 个 OECD 国家 1975—2001 年的面板数据进行实证检验。采用三种方式对财政分权进行衡量：财政支出分权（Expenditure Decentralization）、税收分权（Tax Decentralization）以及中央拨款比例（Grant Share）。实证结果表明，财政支出分权与地方政府债务显著负相关，但税收分权和中央拨款比例对地方政府债务不存在显著影响。说明财政分权并不仅仅具有负面影响，也在一定程度上提升了财政政策的执行效率。

要解释中国地方政府债务的形成和快速发展，就一定不能忽略中国独特的财政分权体系。新中国成立后，我国中央和地方的财政关系大体经历了统收统支（1949—1977 年）、包干制（1978—1993 年）、分税制（1994 年至今）三个阶段，其中 1994 年的分税制财政体制改革是我国政府间财政关系领域一次具有深远影响的制度变革。1994 年之后，直到 2015 年新修正的《中华人民共和国预算法》施行以前，中国各级政府间财政相对独立，但是仅仅中央政府有发行政府债券的权利，地方政府不允许发行政府债券。不对称的财权和事权使得地方政府谋求预算外途径融资，开始通过划拨土地、股权、国债等资产，包装出一个资产和现金流均可达融资标准的公司，并辅以财政补贴作为还款承诺，从而达到间接融资的目的。但是，从 2015 年开始，地方政府被赋予适度举债权，从而提升了地方政府债务的规范性和透明度。

邱栎桦和伏润民（2015）在中国式财政分权背景下，分析财政分权和分权激励下的地方政府竞争对地方政府债务规模的影响，认为分权体制下的财政压力是驱动地方政府举债的重要因素。财政分权程度越高，地方政府债务规模越大。陈菁和李建发（2015）采用 2005—2013 年省级城投债面板数据，实证考察了影响地方政府债务规模的制度因素，结果表明，财政分权与晋升激励均是导致城投债规模持续扩张的重要原因。一方面，财政分权会导致地方政府被动负债。“财权上收，事权下放”的中国式分权使地方政府过度重视基本建设，支出过度。另一方面，地方政府会出于晋升激励而主动负债。由于存在信息不对称，地方政府倾向于通过实施投入大、规模大、难度大的资源密集型项目向上级传递积极的业绩信号，以获得晋升机会。在内外部因素的共同推动下，地方政府需要大量的资金支持，而地方政府有限的预算收入显然无法满足这种需求，借债因此成为一种最佳策略。洪源等（2015）对地方政府债务进行了绩效评估，并进一步考察了其中的影响机制。其中，绩效评估指标的设计是以债务规模需求函数计量得到的拟合值作为政府债务规模的需求量，以政府债务的实际规模作为供给量，对比二者得到的差额作为债务需求偏好匹配指数，用来衡量地方政府债务的绩效状况。根据 2002—2012 年的数据，洪源等（2015）发现财政分权、晋升激励以及预算软约束共同影响着地方政府债务规模的绩效状况。潘俊等（2016）基于财政分权和财政透明度，研究了对政府债务融资规模和风险产生影响的因素。财政分权理论认为由于地方政府间存在竞争，财政分权程度越大，政府官员为获得更好的政绩而进行非理性举债的可能性越大，而在监管机制不健全的情况下，债务风险将随之增加，即财政分权程度的提高将同时增加债务融资规模和风险。基于上海财经大学披露的省级财政透明度评分研究发现，财政透明度对地方债务融资规模和风险均具有负向影响，但是财政透明度的提高并不能降低财政分权对债务规模的正向效应，仅能够降低其对债务风险的正向效应。对官员任职来源的检验表明，相较于本省晋升，官员平调能够削弱财政分权与地方债务规模的正向关系，而官员来自外部晋升和“京官”会弱化财政透明度与地方债务风险的负向关系。吴小强和韩立彬（2017）通过构建地方政府竞争的理论模型，研究发现中国地方政府间存在债务竞争的策略性互动行为，而在给定政府间存在债务竞争的情况下，财政分权能够降低地方政府债务的竞争程度。进一步的实证研究表明，相邻地区的人均政府债务规模每增加1%，本地区的人均政府债务规模会相应增加0.264%，研究结果同样支持了财政分权对地方政府债务竞争行为的抑制作用。

在新修订的《中华人民共和国预算法》通过后，地方政府举债只能通过发行地方政府债券的方式，地方政府融资平台的融资功能被剥离。因此，王永钦等（2015）基于财政分权研究了地方政府债券的不同发行方式及其效率，认为地方政府自主发债可以缓解预算软约束问题。但是欠发达地区难以举债的“马太效应”、高风险项目的低流动性、信息准确度所引起的金融市场的逆向选择以及政府官员体系评价标准的改革等，均是在后续地方政府债券体系设计中需要考虑的问题。

二、预算软约束与地方政府债务发行

预算软约束最初是针对社会主义经济来说的。当国有企业发生亏损时，政府会对国有企业采取财政拨款、减税或其他形式的补贴来进行救助，即被称为预算软约束（Kornai，1980）。随后，财政联邦主义兴起，预算软约束被引入财政分权的理论框架，用以考察年度预算安排能否对各级政府特别是地方政府形成强有力的制约。当地方政府采用债务融资的手段来弥补资金不足时就会产生财政过度支出问题，在极端情况下，地方政府的税收无法维持债务，中央政府就不得不动用国家财政对地方政府进行破产救助，从而产生了地方政府的预算软约束问题。

从地方政府的视角来看，中央政府通常会在事后对陷入财务困难的地方政府进行转移支付，由于地方政府在事前即形成未来能够获得救助的预期，因而增加了其当期财政支出行为存在道德风险的可能性，由此导致获得财政转移支付越多的地方政府负债越多。总的来看，现有研究均支持了预算软约束导致地方政府债务规模上升的观点。

Goodspeed（2002）构建了一个两期模型。在第一期，地方政府通过征税或者借债筹集资金，用于公共物品的供给。中央政府的目标是最大化连任的可能性，这种可能性取决于管辖范围内的净消费水平。如果地方政府在第一期进行了借债，那么第二期必须进行本金和利息的偿付，由此导致净消费水平下降。中央政府可以通过转移支付的形式增加净消费，提高其连任的可能性。但是由于地方政府在第一期借债时已经将未来可能获得的中央政府转移支付考虑在内，因而增加了地方政府过度举债的可能性。Rodden（2002）基于预算软约束理论认为，中央政府会以地方财政缺口的大小为依据进行转移支付的分配。那么，如果地方政府没有受到任何借款约束，将具有激励通过举债以吸引中央政府的转移支付，进而导致过度负债的发生。为了防止这种现象的出现，中央政府倾向于对财政不平衡的地方施加借款约束。Akai 和 Sato（2011）同样认为预算软约束对地方政府债务增长具有显著影响。通过构建一个两期动态模型，地方政府在第一期进行投资，并在两期均提供公共服务，由此产生的资金需求可以在第一期由税收或者债务融资解决，也可以在第二期由中央政府提供转移支付解决。在居民不可流动的情况下，地方政府倾向于在第一期过度投资，此时地方政府可以通过负债融资，但也可以通过征税操纵居民储蓄，进而影响第二期可获得中央转移支付的金额。因此，此时中央转移支付会引起过度税负，而不一定会导致过度负债，中央对于地方债务的监管是无效的。而在居民可流动的情况下，地方政府不能通过税收改变居民储蓄来吸引中央政府的转移支付，由此降低了其在第一期过度投资的动机，但同时也使地方政府必须通过举借债务来满足资金需求，因此，此时中央对于地方债务的监管是有必要的。由此可知，在居民可流动的情况下，中央转移支付可能会引起地方政府的过度负债，此时对地方政府债务的监管是有效率的。

后续研究针对不同国家的特点展开讨论。Pettersson-Lidbom（2010）认为预算软约束是一个动态承诺问题，地方政府当期的预算决策取决于其对未来可获得中央政府转移支付的预期，这种救助可能会增加地方政府过度负债的可能性，但现有实证结果并未给出很好的验证。Pettersson-Lidbom（2010）为了更好地衡量地方政府的未来预期，并将其与地方政府的当期财务行为联系在一起，假定地方政府对获得中央政府转移支付的预期是理性的，以当期相邻地区获得的可转移支付金额作为地方政府对未来可获得转移支付预期的工具变量，对瑞典政府 1979—1992 年的财政转移支付行为进行研究，结果表明与无预算软约束的地方政府相比，存在预算软约束的地方政府负债比例增加超过 20%，对预算软约束与地方政府债务的正相关关系提供了支持。Baskaran（2012）认为预算软约束的存在是由于地方政府对未来可获得中央转移支付能够缓解大规模债务融资成本的预期，而不是由当期转移支付所导致。因此，现有研究以当期转移支付对地方政府可获得的救助进行衡量是不恰当的。基于此，Baskaran（2012）利用 1975—2005 年德国州政府的面板数据，同时对州之间借债行为垂直和水平的战略交互效应进行检验，来考察德国州政府是否面临预算软约束。如果地方政府预期未来可获得转移支付的救助，那么其当期债务融资行为会随着中央政府的债务融资行为（垂直交互）或者其他地方政府的债务融资行为（水平交互）而变化。研究结果表明，德国州政府间仅存在水平的而不存在垂直的战略交互效应，说明德国州政府面临预算软约束，并且与获得中央政府救助的金额相比，更关心获得中央政府救助的可能性。

此外，也有部分研究从财政制度的视角探讨如何抑制地方政府债务的过度扩张。Kiewiet 和 Szakaly（1996）认为地方政府债务融资会受到当地财政制度的影响。以美国政府的有担保债务为例，对比不同类型的财政制度可知，禁止政府有担保债务的发行和全民公投是抑制债务过度增长的有效手段，基于收入的限制和基于立法的大多数批准制度则不会起到抑制作用。类似地，Feld 和 Kirchgässner（2001）以瑞士 134 个市为研究样本，考察财政制度对地方债务规模的影响。发现扩大普通民众的权力，采用全民公投的形式进行决策能够抑制执政者非效率的或者自利的行为，进而起到降低政府债务规模的作用。Rodden（2002）将单一国家的研究拓展到 OECD 的 43 个发展中转型国家，发现中央财政转移支付的分配与财政缺口的大小并不是简单的线性关系，但是当地方财政不平衡时，为了防止预算软约束引起地方政府过度负债，中央政府的确会通过限制地方政府举债来进行调节。因此，财政缺口较小的地方政府，要么面临着相对严格的借款约束，要么自身财政相对独立，转移支付依赖度低；而当地方政府具有较高的转移支付依赖，同时受到较小的借款约束时，财政缺口将进一步扩大。Plekhanov 和 Singh（2006）认为没有任何一种单一的制度安排适合于所有国家，对于债务融资的约束需要同时考虑其他制度特点，包括纵向财政不平衡的程度、事后救助的存在以及财政报告的质量等。1982—2000 年 43 个国家的数据研究结果表明，对地方政府债务不施加任何约束并不会达到最优状态；在纵向财政不平衡程度较低时，地方政府自行施加的约束即能实现较好的财政结果；但在纵向财政不平衡程度较高时，地方政府自行施加的约束失效，此时，中央施加的财政约束能够实现最优结果。此外，事后救助的存在会降低约束有效性，而较高的财政报告质量能够提升约束有效性。财政政策的自由裁量权会恶化经济产出的顺周期波动。Rathnayake（2020）研究了斯里兰卡的财政赤字和公共债务的可持续性。研究结果表明，斯里兰卡的财政政策是顺周期性的，在经济扩张过程中有很强的稳定作用，但是在经济收缩期内却不会有很强的持续性。因此斯里兰卡的财政政策难以实现可持续，财政体系亟待整顿。Larch 等（2021）对比 40 个欧盟和非欧盟国家后指出，如果政策制定者基于政治经济考量制定的财政政策偏离了财政规则，其导致的政府债务问题便会使财政政策对经济发展的稳定作用下降。因此，遵守财政规则、限制政府债务过度扩张成为应对经济波动、实现反周期财政政策制定的关键所在。

在很长一段时间内，中国作为禁止地方政府自行举债的极少数国家，财政分权下的预算软约束对地方政府债务规模的影响得到较多关注。在中央—地方的委托代理关系中，出于不同的利益目标，地方政府会大量投资超出自己财政预算的投资项目，而中央政府则作为“最后兜底人”承担最后的还款责任（王叙果等，2012）。因此，以地方政府债务和中央转移支付为特征的预算软约束究竟会对地方政府产生何种影响得到诸多研究。

马恩涛和于洪良（2014）指出预算约束具有两面性，刺激地方公共投资的同时，也会导致寻租行为以及中央政府额外转移支付的增加。马恩涛和于洪良（2014）通过构建一个跨期迭代博弈模型，并区分地方政府是否受中央政府控制两种情形，考察预算软约束对社会福利的影响。在不受控情形下，预算软约束对公共投资和地方债务都具有显著的正面效果，而在受控情形下，预算软约束并不一定能刺激公共投资。两种情形下，只要中央政府所提供的公共产品边际价值相对较小或地方政府分享的税收份额相对较低，预算软约束都能增进社会福利水平。据此，文中提出预算软约束在我国的确存在，并且中央政府虽然要求地方政府收支平衡不列赤字但地方政府都或明或暗地进行借债，故地方政府借债不受中央政府控制。因此，未来中国财税体制改革，财权上移的同时事权也要上移。中央政府一方面应提高其在全国税收总收入中的份额进而保障其提供公共产品和进行转移支付的能力，另一方面也要加大公共产品的供给数量进而降低其相对于地方政府公共产品的边际价值。钟辉勇和陆铭（2015）利用地级市层面的城投债数据研究了财政转移支付对地方政府债务的影响，发现如果地方政府存在道德风险，一方面，可能存在公共池问题，由于公共支出的成本和收益不匹配，不同地方政府同时对中央财政资源进行竞争，为了获得更多的转移支付，地方政府有动机使地区财政状况表现得较差，因而地方政府债务较多。另一方面，存在预算软约束，获得财政转移支付较多的地方政府会在事前形成预期，当其未来陷入财务困境时，能够获得政府的救助，由此导致其当期财政支出行为会变得更加不负责任。因此，财政转移支付越多，地方政府债务越多。然而如果地方政府不存在道德风险，当地方政府能够获得较多的转移支付时，地方政府收入增加，债务融资需求将随之下降。实证结果表明，中央政府专项转移支付的确引起了地方政府借债的道德风险问题。具体而言，专项转移支付与城投债发行显著正相关，非专项转移支付与城投债发行无关，并且二者之间的正相关关系仅在中西部地区存在，在东部地区并不存在。进一步研究表明，地方政府债务逐年增加，存在越来越严重的借新债还旧债现象。姜子叶和胡育蓉（2016）根据财政分权理论，通过基准模型、分权模型以及预算软约束模型的递进推演，分析了预算软约束对地方政府过度举债行为的影响机制。他们认为施以资产性补贴、形成预算外收入、累积地方政府债务三者之间具有同向运动的顺周期性，容易导致过度负债的产生。为加强地方政府债务的可持续发展，应减少隐性补贴，增加预算约束，打破预算软约束下的顺周期效应。黄春元和毛捷（2015）基于2004—2009年321个地级市数据，采用政府间转移支付作为政府财政状况的工具变量进行研究，实证结果推翻了财政缺口会导致地方债务规模增加的认知，认为在财政状况恶化时，地级市政府在财政支出压力大且财政收入有限的情况下，举债行为会变得更为谨慎，地方债务规模的扩张速度也会随之放慢。因此，地级市政府财政缺口与地方债务规模之间表现为负相关关系，但这种现象在省级政府中并不明显，主要是由于省级政府财政支出压力相对较小、财政收入相对充裕，因而财政缺口对其举债行为的影响较小。由此说明财政困难并不是导致地方政府债务扩张的本质原因，晋升激励以及预算软约束方面的影响需要给予更多关注。

后续研究从中国的财政制度变革、地区制度环境的视角展开。随着政府融资平台被剥离融资职能，向辉和俞乔（2020）提出隐性债务是新预算法实施后中国地方政府债务治理的重点和难点。本文通过构建一个关于地方政府行为的模型，探讨债务限额对地方政府隐性债务的影响。研究发现，为规避债务限额可能会导致地方政府隐性债务的增加，而增强财政透明度和审计力度有助于约束政府的预算外活动。本文还发现土地财政对地方政府投融资平台和政府与社会资本合作（PPP）两种不同的预算外融资方式的影响存在差异。洪源等（2020）从举债行为策略视角考察地方竞争对地方政府债务绩效的影响。研究发现，在地方效用最大化目标导向下，无论是地方税收竞争还是公共投资竞争，都对债务增速产生了较为显著的正向影响和空间外溢效应，导致地方采取主动扩大债务规模的举债行为策略。与此同时，随着债务规模的持续增长，无论是地方税收竞争还是公共投资竞争，都将对债务绩效产生“规模报酬递减”的负向影响和空间外溢效应，尤其是公共投资竞争的影响效果更加明显。进一步地，如果考虑到可能存在预算软约束现象，地方竞争还将与预算软约束行为相结合，对债务绩效产生“使用效率递减”的负向影响。

刘昊和陈工（2019）从人口、经济、政治和体制四个方面识别了我国地方政府债务规模的影响因素，并利用审计署公布的全面债务数据，对影响我国地方政府债务规模的因素进行定量分析与检验。结果表明：人口年龄结构对债务规模地区差异几无影响；无论是一般预算收入，还是中央补助收入，都正向促进了地方政府债务规模的增加，尤其是中央补助收入刺激了地方政府支出从而增加了地方政府债务融资；政治商业周期对债务规模存在一定影响，在地方政府官员任期的第三年，地方政府债务余额增加最快；财政透明度的省际差异不能解释地方政府债务融资规模的不同。

三、晋升激励与地方政府债务发行

改革开放以来，中国经济维持了40多年的高速增长，以晋升激励为驱动的地方政府间的竞争被认为是其中的重要原因。但是，由于中国客观上存在本届地方政府与下届地方政府时间上的权责分离现象，即本届政府拥有借债的权力，但是下届政府却负责还债。此时不断膨胀的地方政府债务可能超出社会利益的范畴，引起债务风险（缪小林和伏润民，2015）。

吕健（2014a）致力于对地方政府债务增长的动力机制进行研究，认为财政分权和经济转型带来的压力和挑战仅仅为地方政府的投资冲动提供了温床，以GDP为导向的政绩竞赛才是激励地方政府官员不遗余力筹集资金的根本原因。在这样的政治背景下，预算软约束和土地财政又进一步为其提供了便利条件，从而导致地方政府债务持续大规模的增长。吕健（2014a）以经济转型为背景，以政绩竞赛为切入点，采用动态空间杜宾模型实证检验地方政府债务增长的原因。研究结果表明，全国、东部和中部地区的债务增长率持续放缓，而西部地区则出现了明显的上升；随着经济转型的不断深入，在政绩竞赛思维模式下，地方政府对外地经济增长率更为敏感，债务增长也更容易受到邻近地方的影响，相邻省份的债务规模每增加1%，本省的债务规模会随之增加0.597%；此外，城市化、就业、产业结构调整对地方政府债务增长率的影响程度均较大，市场化产生的影响较小，而对外贸易水平和金融发展水平的影响并不十分显著。随后，蒲丹琳和王善平（2014）以我国29个省份发行的城投债为样本，考察了晋升激励和经济责任审计对地方政府投融资平台债务的影响。在晋升激励下，地方政府官员倾向于进行大规模的投资扩张，债务融资是获得资金支持的主要手段，因而晋升激励强度与地方政府债务增长速度以及债务风险正相关。进一步地，经济责任审计能够对地方政府的举债行为进行监督，通过施加惩罚以及对地方政府官员政治前途的影响，抑制地方官员为实现晋升而过度融资的冲动，进而降低地方政府投融资平台债务增长速度以及债务风险。此外，洪源等（2015）、陈菁和李建发（2015）的研究也均支持了晋升激励导致地方政府债务规模扩张的观点。

为了在地方财政可持续的基础上实现地方经济发展，贾俊雪等（2017）通过理论模型验证了多维晋升激励对地方政府债务行为的影响。贾俊雪等（2017）认为增长绩效晋升激励对地方政府举债规模具有扩张性影响，财政可持续晋升激励可以遏制地方政府债务规模膨胀但也会抑制地方政府发展经济的积极性，而民生性公共服务晋升激励的影响不明确。进一步分析表明：首先，对缓解地方政府债务规模的手段进行考察发现，提高债务公共投资转换率和提高共享税的地方分成比例均能够减弱增长绩效晋升激励的债务扩张效应，但提高共享税的地方分成比例会增加地方政府债务规模，仅提高债务公共投资转换率能够降低地方政府债务规模。其次，考察各类中央财政转移支付对地方债务行为的影响，一般性转移支付有利于降低地方政府举债规模，但会加剧增长绩效晋升激励的债务扩张效应，而且也会抑制地方政府发展经济的积极性，民生性专项转移支付则具有相反影响，生产性专项转移支付既会促使地方政府增加举债规模，也会加剧增长绩效晋升激励的债务扩张效应。故中央财政转移支付伴随着道德风险，并不是解决地方政府债务问题的良好方法。最后，考察地方政府举债对居民福利的影响，若地方政府官员与居民的偏好相符，那么晋升激励驱动下的地方政府最优举债行为有利于提高居民福利水平。

四、政治不确定性与地方政府债务发行

Neck 和 Getzner（2001）、Seitz（2000）认为政府本身的意识形态对地方政府债务不存在显著影响。Neck 和 Getzner（2001）以奥地利 1960—1999 年的时间序列数据为例，考察政治经济因素对债务增长的影响。研究表明，政府形式（是否为多个党派形成的联合政府）以及政治周期（是否处于选举当年）对债务增长存在一定的影响，但最重要的影响因素是失业率。类似地，Seitz（2000）对德国地方政府的研究同样表明，地方政府债务的差异是由于不同地区间经济绩效的差异，而不是不同政府本身意识形态的差异所导致。

与之不同的是，Geys（2007）认为根据“政治预算周期”，现任者继任的意愿会导致政治决策的可预测性，现有研究结论的差异是由于忽视了决策者所处政治、经济以及制度背景的差异。政府分裂程度能够同时对决策者机会主义行为的动机和机会产生影响，因而会影响决策者的政策制定。基于此，Geys（2007）以弗兰德市在 1977—2000 年的 296 只长期市政债券作为研究对象，采用增长率衡量债券规模，利率的变化衡量债务融资成本，考察政府分裂程度对地方政府债务融资行为的影响。结果发现在选举年份，联合政府中的政党数目越多，债券增长率越高，这是由于政党数目的增加会导致联合政府所面临的政治不确定性随之增加。但是这种现象主要发生在一个或两个政党联合的政府中，三个或以上政党的联合会降低

决策者从事机会主义行为的可能性，因而导致政府分裂程度与地方政府债务之间的关系显著性较弱。Raveh 和 Tsur（2020）以美国 1963—2007 年的州选举为例，从政治经济视角关注了民主国家的选举活动对公共债务的影响，认为政治选举所带来的资源会催生公共债务的上升。严格的选举限制强化了这一正向关系。Pancrazi 和 Prosperi（2020）将政治冲突和制度透明度纳入了债务发行动机的讨论。研究发现，如果透明度较高的经济体政治冲突上升的话，会对债务产生负向影响；相反，如果透明度较低的经济体政治冲突上升的话，会对债务产生正向影响。合理的解释是，在透明度较高的经济体，由政治不确定性带来的政治冲突会使现任官员产生储蓄动机，从而减少债务借贷。

在中国财政分权体制和官员晋升机制下，地方政府官员的频繁变动会导致执政理念的短视化，政治不确定性会引发地方政府债务发行规模的变化。缪小林和伏润民（2015）结合我国现实国情从权责分离的角度对政治不确定性与地方政府债务发行的关系进行了讨论。由于地方政府债务期限结构大于领导任期，客观上导致地方政府债务存在权责分离，无须承担债务偿还责任。政绩利益环境下的各种“经济人”利益诱导，使地方政府为实现政府“经济人”利益目标，以各种“合理”理由大量举借债务或拖延债务偿还，最终导致地方政府债务超常规增长。缪小林和伏润民（2015）以 2005—2011 年西部某省 100 个县级样本为研究对象，从权责分离条件和政绩利益环境两个角度出发，对我国地方债务的超常规增长以及可能存在的风险进行解释。实证结果表明，权责分离加剧了基于追求经济增长预期和应对人员支出压力对地方政府债务增长的影响，主要表现为债务违约。进一步检验发现，权责分离对债务超常规增长的影响还取决于地方政府“经济人”利益强度，上级补助越多，支出独立性越弱，对债务依赖越小；此外，还与政府官员晋升激励存在正相关，即在“唯 GDP”政绩考核模式下，周边同类地区经济水平越高，越能激发地方政府加速举债。罗党论和余国满（2015）从官员变更角度出发，研究了政策不确定性对城投债发行概率、发行规模、发行风险以及发行成本的影响。首先，官员变更会降低城市发债的可能性，这是由于：第一，对审批者而言，官员变更年度政府和企业债务违约的风险增加，难以准确对发债公司进行估值，导致融资平台公司被动推迟发债计划；第二，对企业而言，在官员变更年度开展投融资活动的成本较高，因而企业会选择减少投资，主动推迟发债计划；第三，对政府官员而言，官员变更期间政府工作处于工作的低效期甚至断档期，投资项目进展缓慢，发债积极性较低。由上可知，官员变更会降低城市的发债能力，进而降低城市发债的可能性。其次，官员变更年度，政策不确定性较高，资本市场的信息质量下降，同时，原有的政企关系会发生变化，由此导致外界对发债公司盈利和还债的预期降低，进而提高发债风险，增加发债成本，并且发债风险和发债成本增加的程度与官员变更引发政策不确定的程度正相关。最后，城市偿债能力会显著影响官员变更和发债成本之间的关系。在城市经济发展下行压力较大，城市债务或者财政赤字较多的情况下，官员变更所引起的不确定性更强，在这样的背景下，由于债券的偿还普遍需要跨越两届或者两届以上政府，因此，在官员变更年度发债有“发新债还旧债”，将债务偿还遗留给下一任的动机，大大增加了债务的违约风险。如果城市偿债能力较强，则能够缓解官员变更所带来的较高的发债成本。

五、金融市场与地方政府债务发行

在地方政府债务的研究中，金融市场的作用是相对隐性的。Izumi（2020）提出了政府和银行在金融危机期间的负向反馈循环问题。由于政府债务以银行借款为支撑，危机期间商业银行将对政府债务违约问题极为敏感。另外，由于商业银行将流动性提供给了政府，后续势必减少其对实体企业投资活动的资金支持，这也会造成政府税收的下降，从而危害政府债务的可持续性。据此，Izumi（2020）探讨了政府担保、金融监管以及二者的结合对于银行系统风险的监管问题。Lara 等（2021）关注了 2008 年金融危机之后的监管改革措施对金融市场的影响，认为以提升透明度和降低信息不对称为目标的监管改革对政府债务施加了附加约束，从而导致墨西哥主权债务的流动性下降了18%。

在2015年以前，中国的地方政府不能像西方国家那样直接发行债券融资，并且基于中国人民银行制定的《贷款通则》，地方政府直接向商业银行贷款是被严格限制的。此时地方政府倾向于设立政府融资平台这样一类特殊实体，帮助政府从商业银行或政策性银行获取债务融资。吕健（2014b）从影子银行的视角讨论了地方政府债务增长。以空间经济学理论为依据，研究结果显示，从全国总体上看，影子银行发展有力地推动了地方政府债务的增长，这种推动作用在西部最大，中部次之，但在东部地区并不显著。此外，中部地区以外的各个省份在地方政府债务增长上均具有明显的惯性。而且经济增长能够明显地刺激地方政府的举债规模，全国和中、西部均存在着排名下降便增加地方政府举债的现象，表明"排位赛"并未得到有效的遏制。铁瑛和何欢浪（2020）则从银行管制放松的宏观背景下，对金融发展与政府债务之间的关系进行了考察，认为银行管制放松带来的激烈的银行间竞争会迫使商业银行更关注业务收益、刺激地区经济增长。实证研究结论表明，银行管制放松所带来的城商行发展通过激发结构性竞争显著抑制了地方政府债务规模的扩张。进一步研究表明，银行管制放松的债务抑制作用在经济"僵尸化"程度更高的城市会表现得更强，并且这一结论在财政开源需求更大的城市会进一步增强，银行管制放松表现出了显著的开源效应。

潘俊等（2015）以城投债利率衡量地方债务融资成本，考察金融生态环境对地方债务融资成本的影响。良好的金融生态环境有利于形成地方债的市场化定价机制，并提升地方政府的投资效率。在这种环境下，投资者对其中实体的融资行为也会具有较高的信任度，因而良好的区域生态环境能够降低地方政府的债务融资成本。考察金融生态环境中的具体分项指标，一方面，地区经济基础越好，资金供应越充足，投资者的利益保障越好，投资风险越低，因而地方政府债务融资成本越低。财政分权程度越高的地区，越有能力根据实际情况制定适合的产业政策和金融政策，从而使经济基础与债务融资成本之间的负相关关系更加显著。另一方面，政府治理水平作为一种重要的声誉机制，通过降低城投债的履约成本，使债务融资成本下降。法制环境和政府治理水平之间具有替代效应，因此，在法制环境越完善的地区，政府治理水平对地方政府债务融资成本的降低效应越不显著。

六、其他影响地方政府债务发行的因素

从地区竞争的角度看，Borck 等（2015）构建理论模型考察不同地区债务融资是否存在相互竞争，并利用 1999—2006 年德国最大两个州的政府债务融资数据进行检验，结果表明相邻地区人均政府债务每增加 100 欧元，当地人均政府债务会相应增加 16 至 33 欧元。此外，地区腐败程度（Ang et al.，2015；Liu et al.，2017）、收入不平等（Luo，2020）以及新闻报道（Dvorkin et al.，2020）等因素对政府债务成本、规模等的影响也得到了证实。

第二节 地方政府债务的经济后果

一、地方政府债务的宏观经济后果

从宏观视角看，地方政府债务的宏观经济后果主要聚焦于其对经济增长水平的影响。现有研究对地方政府债务与经济增长之间的关系大体可以分为“非线性相关”“线性相关”“无因果关系”三个方面。

（一）政府债务与经济增长的非线性关系

Smyth 和 Hsing（1995）提出了是否存在最优债务比率可以促进经济增长的疑问，发现政府债务规模的上升会引致更多的风险，因此当政府债务与国内生产总值（Gross Domestic Product，GDP）的比超过一定比例时，国家会采用紧缩性的财政政策。Reinhart 和 Rogoff（2010a）利用 44 个国家长达 200 年的数据，考察债务融资水平对经济增长以及通货膨胀的影响。

实证结果表明：第一，对于中央公开发行的政府债务来说，发达经济体和新兴经济体的临界值是相同的。当债务与 GDP 的比值低于 90%时，政府债务与实际 GDP 增长率之间的相关性较弱，而当债务与 GDP 的比值超过 90%时，GDP 增长率的中位数会下降 1%，平均值则会下降更多。第二，对于总的外部债务（包括中央政府发行以及私人部门发行）来说，新兴市场具有更低的临界值。当总的外部债务达到 GDP 的 60%时，GDP 年度增长率会下降大约 2%，当比值达到更高时，GDP 增长率几乎下降一半。第三，对于中央公开发行的政府债务与通货膨胀之间的关系，在发达经济体中不存在显著相关性，而在新兴经济体中，通货膨胀则会随着债务的增长大幅增加。基于现有学者对此研究结论的争议，Reinhart 和 Rogoff（2010b）进一步对之前的结论进行验证，并对 90%的临界值进行了详细的讨论。Pattillo 等（2011）同样支持了债务与经济增长之间的非线性关系。以 1969—1998 年 93 个发展中国家的数据为研究样本，研究发现总的外部债务与经济增长表现为倒 U 型关系，当债务规模超过 GDP 的 35%~40%或者出口总额的 160%~170%时，债务对经济增长转变为负面影响。Nguyen 等（2003）、Caner 等（2010）、Checherita-Westphal 和 Rother（2012）、Cecchetti 等（2012）、Reinhart 等（2012）、Baum 等（2013）、Checherita-Westphal 等（2014）、Spilioti 和 Vamvoukas（2015）、Woo 和 Kumar（2015）、Munir 等（2016）、Chiu 和 Lee（2017）的研究同样支持了政府债务规模与经济增长之间的非线性关系，但是由于研究样本以及研究区间的不同，具体的临界值水平有所不同。政府债务和财政赤字在超过一个确定的阈值时会对经济增长产生负向影响，但是现有研究却未关注政府债务如何通过金融部门对经济增长施加影响。传统理论认为金融发展会通过资本积累和全要素生产率两个渠道影响经济增长，Ehigiamusoe 和 Lean（2020）基于西非地区的样本讨论了政府债务和财政赤字对经济增长的影响，发现在不同规模的政府债务和财政赤字水平下，金融发展对经济增长的影响呈现差异化的变化趋势，当政府债务超过 GDP 的 48.6%、财政赤字超过 GDP 的 13.5%的时候，金融发展对经济增长的影响由正转负，进一步证实了政府债务和经济增长的非线性关系。Croce 等（2021）以 2008 年金融危机之后世界各国的大规模政府干预为研究背景，发现政府债务扩张虽然在短期内能够实现经济稳定，但却是以长期增长不确定性上升为代价的。

在中国制度背景下，地方政府债务与经济增长的非线性关系也得到了证实。程宇丹和龚六堂（2015）通过构建包含两级政府的财政分权模型研究发现，地方政府债务对经济增长的影响取决于税收的获取方式。对比消费税和收入税两种模型，当仅征收非扭曲税时，地方政府债务增加对经济增长的影响是中性的，但当同时征收扭曲税和非扭曲税时，地方政府债务的增加会损害经济增长。吕健（2015）认为流动性是影响经济增长的重要因素，地方政府举债能够增加流动性，并通过地方政府事权、基础设施投资、官员政绩竞赛三条渠道提高投资规模和投资机会，进而推动地方经济增长。但是，合理的地方债务能够推动经济增长，过度负债只会消耗流动性，长期不利于经济增长。大量的流动性被用于清偿到期债务，无法形成足够的投资规模和投资机会是导致当前中国经济持续下行的主要原因。王立勇等（2015）综合考虑或有债务和隐性债务，以审计署公开披露的统计数据为估算基准，对我国的全口径债务进行估算，并采用 GMM 方法估计得到最优债务率水平。经测算，经济增长和政府最优债务率之间表现为倒 U 型关系，中国政府的最优债务率为 33. 56%，当前实际债务率高于最优债务率，应采取措施遏制地方债务的进一步扩张。毛捷和黄春元（2018）基于 2004—2015 年的中国地级市数据检验了地方政府债务对地区经济增长的影响，研究发现地方政府债务对经济增长的影响呈现倒 U 型。债务水平未突破债务平衡点时，地方政府举债的正面作用（弥补财力不足、完善基础设施等）占优，将促进经济增长；一旦债务水平超过债务平衡点，地方债务将抑制经济增长。韩健和程宇丹（2018）基于中国各省市 2010—2016 年的数据，发现地方政府债务对区域经济增长的影响是倒 U 型的，并存在显著的阈值效应。当政府债务与 GDP 的比值规模超过一定比例时，负面效应开始显现。

（二）政府债务与经济增长的线性关系

政府债务与经济增长线性关系的讨论，研究结论既包括政府债务与经济增长呈正向线性关系，也发现政府债务与经济增长存在的负向关系。Schclarek（2004）以59个发展中国家和24个工业国家在1970—2002年的数据为研究样本，同时对债务与经济增长之间的线性和非线性关系进行检验，结果表明，对于发展中国家，中央政府发行的公共债务与经济增长显著负相关。进一步对可能的影响机制包括全要素生产率、资本积累以及私人储蓄率进行检验，发现二者之间的关系主要是由资本积累所导致的。而债务规模与经济增长之间的非线性关系没有得到足够的支持。对于工业国家，线性和非线性关系均未得到稳健性结论。Aizenman等（2007）通过构建内生增长模型进行了理论研究，认为存在稳态增长率，并且政府债务水平与稳态增长率之间的关系取决于公共支出的外部性。当政府债务融资被用于公共基础设施建设时，较高的政府债务能够提高稳态增长率，而当政府债务融资被用于其他服务时，政府债务规模的增加将对稳态增长率产生负向影响。Balassone等（2011）的研究以1861—2009年意大利数据为样本，同样验证了政府公开发行债务与经济增长之间的负相关关系，但是这种关系仅存在于1895—1913年，在1995—2007年并不存在。这主要是由于在第一个样本期间，债务水平下降的同时资本积累加速，而在第二个样本期间，债务水平在缓慢下降的同时资本积累也在下降。也就是说，政府债务的负面影响是由于降低了投资水平所导致的。债务限额可以控制公共债务和财政赤字，不仅起到了约束执政者的财政政策选择进而提升社会福利的目的，而且有利于享受较低财务负担所带来的长期福利。基于考虑物质和人力资本积累的世代交替模型，当政策制定者能够在代际之间分配资源时，Uchida和Ono（2021）认为债务限额会使政府将税收负担从老一代转移到年青一代，但是也刺激了物质资本的积累、公共教育支出，最终刺激了经济增长。全球金融危机表明，私人债务和公共债务在危机期间存在着共生关系，Bernardini和Forni（2020）基于衰退时期的样本，发现私人部门的债务累积往往会伴随着更大规模的公共债务累积，最终导致经济增长放缓和财政压力。

针对中国来看，范剑勇和莫家伟（2014）以土地市场作为中间机制，通过理论模型揭示了地方政府债务对于经济增长的杠杆作用。地方政府债务增加，一方面可以通过增加基础设施建设支出，吸引更多的工业投资；另一方面债务增加意味着土地收储增加，因而地方政府可以降低工业用地价格以吸引更多工业投资。也就是说，地方政府债务通过基础设施建设和低价出让工业用地两种渠道增加工业投资，进而促进地区经济增长，正是地方政府债务的这种双重引资效应导致了债务规模的不断扩张。进一步以商住用地出让价格、出让收入、地方财政收入和城投债规模衡量地方债务，实证结果支持了地方债务的双重引资效应。然而范剑勇和莫家伟（2014）在对模型进行拓展分析后发现，不论是禀赋较好的地区，还是禀赋较差的地区，以地方债务推动工业增长的发展模式都是不可持续的。胡奕明和顾祎雯（2016）基于2010—2013年审计署关于地方政府性债务的审计结果考察地方政府债务与经济增长之间的关系，结果表明，地方政府债务能够促进经济增长，但未发现地方政府债务与经济增长之间存在倒U型关系，说明地方政府债务对经济增长具有促进作用但不存在显著的临界值。此外，与经济发达地区相比，在经济不发达地区地方政府举债投入的边际效应更高，金融支持能够促进投资消费以及拉动相关产业发展，而人口迁出不利于当地的人力资本积累。因此，地方政府债务对经济增长的促进作用在经济不发达地区、高金融支持力度地区及人口迁出地区更为明显。

后续中国制度背景下的研究则关注地方政府债务所产生的经济波动问题。项后军等（2017）利用2003—2013年省级层面地方政府债务的面板数据，研究了地方债务对经济波动的影响以及其中的传导机制。研究结果表明，地方债务增加的确会引起经济波动，并且地方债务波动是通过投资波动作用于经济波动，这种影响具有持续性。进一步地，土地财政和政治周期均会对地方债务的传导渠道产生影响。从土地财政的角度而言，由于地方政府自身财政收入不足，使土地收入成为政府还款的主要渠道，同时，研究表明，政府是以低价出让土地为代价吸引投资（范剑勇和莫家伟，2014），因此，土地出让价格和数量的波动必然会引起地方债务对经济效果影响的差异。从政治周期的角度而言，政府官员考虑到自身的晋升机会，会根据政治周期变化调整举债行为，进而影响经济波动。司海平等（2018）考察了地方政府债务在经济周期中的动态变化特征，发现地方政府债务累积速度呈现顺周期特征，即经济越繁荣债务积累越快，经济衰退越严重债务积累越慢，这一现象在控制市场融资环境后依然存在。在以GDP为标准的晋升锦标赛下，官员晋升压力则加剧了这一现象。可以相信，地方债务不仅是地方政府缓解资金约束刺激经济增长的重要融资手段，还因其风险属性可能影响经济稳定。

（三）政府债务与经济增长无因果关系

Kourtellos 等（2013）采用结构阈值回归模型，对 82 个国家的研究结果表明，政府债务与经济增长之间的确存在阈值效应，但这种阈值效应并不是由于债务规模的差异，而是由于制度环境质量的差异所引起的。对于民主程度较低的国家，政府债务与经济增长负相关，而对于民主程度较高的国家，政府债务与经济增长不相关。Panizza 和 Presbitero（2014）以 OECD 国家为研究样本，发现在控制内生性问题后，政府债务与经济增长之间并不存在阈值效应。Panizza 和 Presbitero（2014）支持了 Kourtellos 等（2013）的结论，因为该研究样本中的所有 OECD 国家均属于 Kourtellos 等（2013）所划分的民主水平较高的国家。类似地，Minea 和 Parent（2012）、Afonso 和 Jalles（2013）、Égert（2015）、Eberhardt（2017）、Pescatori 等（2014）的研究结论均对政府债务与经济增长之间的阈值效应即非线性关系提出了质疑。

Eberhardt 和 Presbitero（2013）基于前人的研究，考虑了不同国家间的异质性，认为政府债务与经济增长之间的关系在不同国家间具有较大差异，并不能得到一致的结论。Reinhart 和 Rogoff（2010a）所得到的 90%临界值，其实是一种实证的误设，因为他们采用的是混合数据而非异质性模型。Panizza 和 Presbitero（2013）对现有关于阈值效应的争议进行了总结，认为未来关于政府债务对经济增长的研究应该更多关注不同国家间的异质性以及政府债务阻碍经济增长的影响机制，由此能够回答在什么情境下以及通过怎样的渠道政府债务会抑制经济增长的问题。Puente－Ajovín 和 Sanso-Navarro（2015）通过格兰杰因果关系检验考察政府债务与经济增长之间是否存在因果关系。该文以 1980—2009 年 OECD 的 16 个国家为样本，并通过格兰杰因果关系检验对不同国家间的异质性以及横截面样本之间的依赖性进行控制。实证结果并不支持政府债务引起了经济增长的结论，相反，研究表明是较低的经济增长导致了政府债务的增加，此外，研究还发现私人债务尤其是家庭部门债务对经济增长具有显著影响。

二、地方政府债务的微观经济后果

（一）政府债务对商业银行利率的影响

政府债务的微观经济后果讨论的首要焦点便是政府债务是否会推高利率。在“财政赤字—总需求—利率—私人投资”的研究框架下，Friedman（1978）基于凯恩斯 IS-LM 框架研究认为，政府债务融资对企业的债务融资决策具有“挤出效应”，这是因为投资者资产组合中不同资产之间具有相互替代性，政府债务融资增加会改变利率，进而影响对其他资产的定价，并且政府融资行为对企业债务融资的影响要大于企业权益融资。Hubbard（2012）根据凯恩斯 IS-LM 框架进行分析，通过经验数据对地方政府债务的“挤出效应”进行了讨论，实证结果表明政府债务占 GDP 的比重每增加 1%，将会导致利率上升 3 个基准点，利率上升将进一步对社会中的企业投资具有挤出效应。但 Hubbard（2012）仍然指出了几点值得注意的问题：第一，当债务的累积规模较大时，即使是很小的估计效应也可能导致利率的大幅增加；第二，政府债务对利率的影响很大程度上取决于国外储蓄；第三，美国政府现在表现出较高的税收负担，因而会减少资本形成、经济增长以及人民的生活水平。Winter（2017）对上述研究进行了深化，发现由于不同国家采用税收来平衡财政收支的程度不同，1%的政府债务变动会导致利率的上升幅度在 0.4 个基点到 1.5 个基点之间浮动。不过，Barro（1974）通过有限生命的迭代模型研究认为，政府债务融资意味着未来税收的增加，未来税收增加的预期能够弥补现在政府支出的增加，进而有利于减少财政缺口，但是实际产出、消费、资本积累、价格以及利率并不会受到影响。Islam 和 Hasan（2007）考察美国债务对利率、价格、产出以及资本积累的宏观影响。基于最优 VEC 模型的检验结果表明，政府债务的增加会推高通货膨胀，而对利率、产出以及资本积累具有降低作用。由此支持了 Barro（1974）的观点，财政缺口导致个人对未来税收预期的增加，但由于未来交税的金额及时间具有不确定性，因而个人倾向于增加储蓄，也就是说，财政缺口以及政府债务的增加会对利率以及总需求具有抑制作用，由此导致社会总体财富随之下降。Elmendorf 和 Mankiw（1999）基于 Ricardian 均衡模型对政府债务进行讨论也得出了类似的结论。Ricardian 模型有两个基本假设：政府预算约束假设和永久收入假设。政府预算约束假设是指如果政府购买保持不变，那么现在减少税收意味着未来税收的增加；永久收入假设是指家庭的消费决策取决于其未来可获得的所有税后收入的现值。基于这个模型，政府融资缺口并不会对利率、消费以及其他一些变量产生影响，因而也不会对企业融资行为产生影响。但是 Elmendorf 和 Mankiw（1999）认为实证结果并不能完全支持或者拒绝 Ricardian 模型的结论，主要是由于实证结果是在很多前提假定下得到，因此可靠性值得怀疑。

（二）政府债务对企业投融资行为的影响

基于政府债务的影响机制，很多研究关注政府债务对微观企业投融资行为的影响。Greenwood 等（2010）从流动性供给角度对企业债务期限结构的选择做出新的解释。作为宏观经济中流动性的提供者，企业债务期限结构与政府债务期限结构之间存在相互补充，当政府发行的长期债务较多时，企业会发行更多短期债务作为回应。并且这种现象在政府债务供给量较大以及企业债务结构转换成本较低时会更加显著。Krishnamurthy 和 Vissing-Jorgensen（2012）通过对比仅流动性或者安全性存在差异的资产对国债发行的反应，发现投资者对国债的流动性和安全性存在显著偏好。当国债的发行量发生变化时，投资者愿意为资产流动性和安全性支付的溢价发生改变，进而导致企业债和国债之间收益率的差异。Gennaioli 等（2014）认为主权债务违约将导致私人部门信贷下降，这一现象在金融体系更发达、银行持有的政府债券更多的国家尤为明显（Bocola，2016）。但是，Carapella 和 Williamson（2015）通过构建理论模型发现，在有限承诺和不完善信息市场假定下，政府债务作为一种担保机制能够约束信贷市场参与者的行为，降低私人部门的违约概率。

Krishnamurthy 和 Vissing-Jorgensen（2015）指出金融机构同时持有流动性弱、风险高的资产和流动性强、安全性高的资产形成投资组合，其短期债券的发行取决于私人部门愿意为资产流动性和安全性支付的溢价。基于私人部门偏好流动性强和安全性高资产的事实，Krishnamurthy 和 Vissing-Jorgensen（2015）利用 1875—2014 年美国国债数据证实国债发行量的增加对私人部门短期安全债券的净供给具有挤出效应。Graham 等（2014）利用 1920—2012 年纽约证券交易所、美国证券交易所以及纳斯达克的所有非金融类上市公司，综合企业会计数据和市场数据信息，研究政府债务发行对企业投融资行为的影响。研究表明，政府债务发行与企业债务融资行为显著负相关，政府债务杠杆率每增加一个标准差，会导致企业债务杠杆率下降 1/3，并且企业减少债务融资的同时会增加现金以及其他短期流动性资产的持有，这主要是由于资产之间的可替代性导致。由于规模较大、信用评级较高企业发行的债券与国债之间的可替代性更高，因而政府债务发行与企业债务融资之间的负相关关系在这种类型的企业中更加显著。此外，实证结果表明政府债务发行能够降低不同信用评级企业债券之间的利差，政府债务与 GDP 比重增加 1%，BAA-AAA 企业债券利差会下降0.4%，进一步支持了上述结论。Graham 等（2015）在对美国企业杠杆率变化的研究中同样发现，当政府减少债券发行时，企业会更多地选择债务融资，并最终导致企业杠杆率的上升。Demirci 等（2019）认为如果金融市场投资者偏向于维持比较稳定的债务和股票比例，政府债务的上升将会对私人企业部门的债务构成挤出效应，所以当政府债务增加时，企业部门会减少债务融资规模。因此，Demirci 等（2019）基于 40 个国家 1990—2014 年的数据，证实了政府债务与企业资本结构之间的负相关关系。Rant 等（2021）研究了负债对欧盟国家发展水平趋同的影响。实证研究表明，总债务、公共债务和私人部门债务都会降低欧盟国家之间的发展趋同水平。相对而言，公共部门债务对发展趋同的负向影响比私人部门债务更强，说明公共债务对私人债务有挤出效应。Jackson 和 Pennacchi（2021）从流动性的角度讨论了政府和银行的关系。一般而言政府可以通过直接发行债务和发行银行担保存单两种方式创造流动性。直接发行债务可能直接提供私人部门流动性、更有效率的银行存款，并为储蓄者提供更好的福利。政府发行的银行担保存单则会挤出私人部门流动性，但是给银行带来了更好的盈利和借贷。

Liang 等（2017）关注了中国在金融危机之后的地方政府债务规模扩张问题，发现中国地方政府债务支持的投资计划刺激了中国经济迅速走出金融危机，但是地方政府债务却在对国有企业的负债总额产生挤入效应的同时，挤出了非国有企业的负债，导致中国信贷市场的分配效率进一步恶化。随后，Huang 等（2020）基于中国的地方政府债务占 GDP 的比例从 2006 年的 5.8%上升到了 2013 年的 22%这样一个事实，构造了一个地市级的数据库，发现中国的地方政府债务通过限制商业银行向私人企业借贷的方式引导资本从民营企业流向政府部门，从而导致民营企业投资规模下降。但是，国有企业由于天然的产权联系，其融资和投资行为却未受到影响。

（三）政府债务对资本市场的影响

政府债务对微观企业投融资行为的影响，最终会传导至资本市场。Croce 等（2019）提出财政稳定政策的实施，必然导致政府债务的急速蹿升，并引发对未来经济前景的担忧。当资本市场的投资者预期未来税收负担上升、通货膨胀率上升抑或财政收支平衡的政策不确定性上升时，政府债务对经济增长的负向影响开始显现。Croce 等（2019）构造了一个风险渠道来探讨公共债务与经济增长之间的关系，将政府偿债能力作为一个风险因子纳入公司创新决策的考量，发现政府债务占 GDP 比率的上升将引致未来较高的股票投资预期收益。换句话说，政府债务的上升将导致企业股权融资的成本提高，并且这一现象对于创新密集型企业来说更为明显。更严重的是，由于资金成本上升，创新密集型企业的创新生产率和长期成长性均呈现一定程度的下降。Wisniewski 和 Jackson（2021）采用全球数据，发现中央政府的债务与 GDP 比率同美元计价的股票指数收益呈负相关关系，1%的政府债务变化将导致股票收益率下降 39~95 个基点。这一现象并不能由简单的投资风险来解释，更深层次的原因在于政府债务对于借贷利率上行压力和未来更高的税收负担预期。在金融全球化背景下，国际资本流动成为可能。Broner（2021）发现国外的主权债务流入导致本国货币计价的政府债券收益率下降、本国计价货币升值，并且会对本国企业的股票价格产生差异化的影响。处于外贸型行业的企业相对于处于非外贸型行业的企业来说，股票超额收益率降低；但是金融企业、与政府有关联的企业、较多依赖外部融资的企业，股票超额收益率相对较高。

（四）中国制度背景下地方政府债务对企业行为的影响

从中国地方政府债务与企业行为的相关研究来看。孙刚和朱凯（2017）根据 2015 年中国社会科学院金融研究所首次披露的 2013—2014 年度我国247座城市的地方政府性债务治理情况评价，选取注册地位于这些城市的沪深上市企业，考察地方政府性债务治理对微观企业投融资的影响及其传导机理。研究表明，由于地方政府融资平台受到更为严格的监管，使地方国有企业成为地方政府举债的重要替代性渠道，由此导致本应由地方政府承担的债务及风险转移至微观企业。因此，在地方政府性债务治理较差的地区，企业杠杆率显著更高。但这种传导并未带来企业资本性投资效率的改善，相应地，地方国企的资本性投资效率显著较低，企业产能过剩的财务特征明显。范小云等（2017）基于资产组合效应理论，以1999—2013年我国A股上市公司为研究对象，考察政府融资（国债）对企业债务融资成本以及规模的影响。政府融资通过价格竞争和资金竞争两个渠道对微观企业的债务融资成本产生影响。价格竞争渠道体现在：其一，政府债务发行量的增加会导致国债价格的下降以及到期收益率的上升，因此，金融机构会将更多资金配置给政府债务或者要求企业提供更高的回报率；其二，国债收益率通常被作为贷款利息确定的基准，因而直接影响投资者对企业债券的定价。资金竞争渠道是指由于政府债务具有更高的流动性和安全性，因而会受到金融机构的更多偏爱。由此可知，政府债务会增加微观企业的债务融资成本，降低企业债务发行量。进一步地，由于政府对国有企业具有隐性担保，使国有企业债务与政府债务之间的替代性更强，以产权性质作为债务资产替代性的衡量指标，可以发现资产之间的替代性对于政府债务与企业债务融资成本之间的关系具有重要影响，国有企业的融资成本受政府债务融资的影响更大。毛锐等（2018）构建包含金融摩擦、预算软约束、政府投资等要素的DSGE模型，发现在存在金融摩擦时，地方政府融资支出会紧缩金融信贷、挤出私人投资，导致投资效力减弱，并引致金融风险。汪金祥等（2020）基于全国266个地市数据，实证检验了2008—2017年地方政府债务规模对当地上市公司负债水平和债务成本的影响。研究发现：首先，地方政府债务规模通过减少上市公司的短期负债和经营性负债来降低其负债水平。地方政府债务规模对非国有、基础设施和公益行业和亏损上市公司负债水平的挤出效应更大。其次，地方政府债务规模推高了上市公司债务成本。上述结果说明，地方政府债务规模扩张通过需求竞争机制降低了企业负债水平，通过价格机制推高了企业债务成本。余海跃和康书隆（2020）建立理论模型分析地方政府债务影响企业投资的机理，并基于城市面板数据和中国工业企业数据库，检验地方债务对本地企业投资的净效应。研究发现：地方融资平台债务通过推高企业融资成本，挤出了企业投资；挤出效应不是由公开发行的城投债券导致，而是来自挤占地方金融资源的非公开发行债务；地方债务对高效率民营企业的挤出作用更强，这可能是近年来全要素生产率逐渐走低的重要原因。马树才等（2020）利用中国工业企业数据库数据，从微观层面实证研究地方政府债务对实体企业信贷融资的挤出效应，并利用多重中介模型，对地方政府债务挤出实体企业信贷融资的内在机制进行分析。研究发现，地方政府债务对实体企业信贷融资具有挤出效应，挤出效应具有显著的企业规模异质性和所有制异质性特征。政府干预与土地财政对挤出效应具有助推作用。公共投资和房地产投资是地方政府债务挤出实体企业信贷融资的两个重要路径，但更大程度上归因于地方政府债务融资本身的直接挤出效应。李力等（2020）构建了包含普通企业和地方政府融资平台企业“双违约”、货币政策和宏观审慎政策“双支柱”调控的新凯恩斯 DSGE 模型，通过贝叶斯估计研究发现：普通企业和地方政府融资平台企业的风险冲击是我国经济波动的重要来源，二者均会带来产出衰退和违约风险增加。扩张性货币政策在促进经济繁荣的同时，也会导致企业杠杆率的攀升，加大两类企业的债务风险；而基于动态准备金调控的逆周期宏观审慎监管政策，则能有效抑制企业债务规模，并降低两类企业的违约率，同时也会引起实体经济的小幅紧缩。

第三节 地方政府债务的风险

一、主权债务的违约风险

传统观点认为政府必须归还负债是为了规避被国外投资者起诉或者被国际金融市场开除（Eaton and Fernandez，1995；Schumacher et al.，2021），Arellano（2008）则提出新兴市场国家的经济体系更脆弱、更难以进入国际信贷市场，因此有较高的主权债务违约风险。但是，Gennaioli 等（2014）以俄罗斯、厄瓜多尔、巴基斯坦、乌克兰、阿根廷等国家的现实为例，认为主权债务违约所导致的银行系统的崩塌才是政府努力避免债务违约的关键所在，而 2009 年欧洲债务危机也进一步证实了主权债务违约和金融部门的这种密切联系。Bocola（2016）以 2009 年意大利主权债务危机为背景，发现主权债务的违约风险会导致商业银行的流动性紧缩。Izumi（2020）也证实了商业银行财务健康状况和政府债务息息相关，提出银行的流动性监管比政府担保更有利于维护金融体系健康。Coimbra（2020）构建了一个包含异质投资者和主权债务违约的动态模型，来分析银行部门资本和主权债券收益的动态关系。随着主权债务违约风险的上升，银行部门的在险价值（VaR）约束将使主权债券的需求降低、要求的必要报酬率升高，反过来债务累积和政府违约风险的上升，也会促使风险溢价上升。此外，Dvorkin 等（2020）、Sunder-Plassmann（2020）分别从新闻报道、政府债券的计价方式、所有权等视角讨论了主权债务违约的影响因素和治理策略。

二、中国制度背景下地方政府债务的系统性金融风险

2008 年金融危机之后，由于大规模的经济刺激计划的实施，中国经济的突出问题便是高企的地方政府债务所带来的系统性金融风险问题。与国外研究相一致，伏润民等（2017）也强调了中国的地方政府债务与商业银

行部门的密切联系，提出中国的地方政府债务主要来自银行等金融机构，若任其风险在金融系统中隐性蔓延和扩张，必然造成系统性金融风险。实证检验发现：我国地方政府债务风险通过金融机构的中长期贷款，对辖区内和辖区间居民企业融资产生挤出性的空间外溢效应，这种挤出效应一方面被中国高储蓄存款带来的信贷软约束空间、不良贷款率反映的信贷制度软化等加剧；另一方面针对辖区间挤出效应还受到中心金融机构资金调配约束的抑制。熊琛和金昊（2018）基于 DSGE 模型刻画了地方政府债务风险与金融部门风险传导的双螺旋结构。发现地方政府债务风险与金融部门风险相互强化，且风险的依存关系不同经济状态呈现出非线性特征，并且地方政府债务违约风险提高了金融风险并向实体经济部门传导，而金融部门风险通过直接的资产负债表渠道和间接的一般均衡效应渠道向地方政府债务风险传导。延长债务期限的政策会通过金融风险渠道放大地方政府债务违约风险的经济衰退效应。毛锐等（2018）构建包含金融摩擦、预算软约束、政府投资等要素的 DSGE 模型，发现在存在金融摩擦时，地方政府融资支出会紧缩金融信贷、挤出私人投资，导致投资效力减弱，并引致金融风险。沈丽等（2019）从关系的视角讨论了地方政府债务风险的问题，发现中国的地方政府债务存在明显的空间溢出效应，能够突破地理距离的界限波及与之存在密切财政关系、金融关系以及经济贸易关系的其他地区，最终危及整个宏观经济体系。

后续研究则从土地出让、政府和社会资本合作（Public-Private Partnerships，PPP）模式的视角讨论政府债务风险。

首先，从土地出让的角度看。何杨和满燕云（2012）认为地方政府高度依赖土地出让收入偿债使得土地财政的风险与地方财务的风险交织在一起，增加了地方政府债务风险控制的难度。张莉等（2018）发现土地出让收入具有融资放大效应，会促进“城投债”的发行。但是基于中国土地市场的土地抵押数据可知，地方政府融资平台的土地抵押金额和抵押率都显著高于非地方政府融资平台。地方政府强力的举债动机和对信贷市场的干预导致信贷资源的无效率配置（张莉等，2019），杨继东等（2018）据此提出防范地方政府债务风险应该关注土地出让波动的影响。梅冬州等（2021）基于中国宏观经济的特征事实，引入地方政府的土地财政行为，将房价变动与地方政府的偿债能力联系起来。研究表明，由于地方政府依赖土地出让和土地抵押贷款筹集收入，房价管控导致的地价下降会带来地方政府收入的下降，直接影响地方政府的偿债能力。如果地方政府债务不出现违约，那么房价管控带来的地价下降会降低地方政府从金融部门获得的抵押融资额，使非基建部门的融资成本下降，非基建部门投资和产出上升。而如果调控房价带来的地价下降导致地方政府出现债务违约，金融部门资产受损，使金融中介减少贷款和提高贷款成本，带来整个社会的信贷紧缩，经济中各个部门的产出大幅下降。进一步的政策分析表明，有必要在避免地方政府出现债务违约的同时，使用财政资金补充银行资本金等多种方式稳定金融中介的资产负债表，从而将房价调控对经济的负面影响程度降到最低。

其次，从 PPP 模式看。汪峰等（2020）认为现在大量的 PPP 项目已经异化为地方政府违规举债的工具。贾康和吴昺兵（2020）提出市场风险的不当转移、市场回报的提前锁定和绩效考核的约束丧失等都可能引发 PPP 隐性债务风险。正确分析 PPP 财政支出责任的债务属性，将规范 PPP 项目的财政支出责任与隐性债务做出泾渭分明的划分。要想控制 PPP 隐性债务风险，就必须：第一，提高 PPP 相关规定的法律层级并确切落实到行为治理；第二，创新 PPP 财政管理制度实现防风险与促发展双重目标；第三，完善 PPP 绩效管理以实现多方共赢共治。

针对中国地方政府债务风险暴露的问题，很多学者提出了相应的治理办法。首先是地方政府债券发行模式改进。朱莹和王健（2018）采用双重差分法讨论了地方政府债券“自发自还”对地方政府债务风险的影响。研究发现，“自发自还”会产生市场约束并降低城投债的风险溢价，但是地方政府的财政不透明和财政不平衡会抑制这种市场约束效应。马文涛和马草原（2018）从地方政府对微观个体的担保出发，讨论了政府担保及其“稳增长”目标在地方政府债务中的作用。研究发现，政府担保对地方政府债务的解释度在长期内维持在30%左右，其缺失可能引起地方政府债务风险的集中释放。据此，应平衡好稳增长、去杠杆与防风险在宏观调整中的相对关系，并进一步理顺中央政府与地方政府的事权与财权，使其制度化与透明化，适时弱化地方政府对微观个体的担保。梁琪和郝毅（2019）讨论了地方政府债务置换与宏观经济风险的关系。发现地方政府债务置换虽然在一定程度上能够缓释宏观经济风险，但是也会造成财政政策有效性的降低。其次是地方政府财政体制的完善。孙琳和桑宁（2018）基于1991—2015年全球45个国家的数据。发现中期预算与权责发生制对政府债务的控制有直接约束和间接约束两种路径。两者的直接约束表现为通过控制政府财政支出降低财政赤字水平，而间接约束表现为通过增强政府财政透明度提高债务风险防范能力。两者对政府债务的控制在短期内以间接约束为主，在长期内以直接约束为主，并具有长期协同效应。因此，中国应该明确中期预算实施的路线图，螺旋式推进政府会计改革与中期预算阶段晋级，构建债务风险的约束环境。冀云阳等（2019）认为化解地方政府债务风险不仅应规范政府间财政支出责任划分，更重要的是完善地方政府的政绩考核体系和违规举债的问责机制。韦小泉（2020）以专项债务率作为专项债券风险的代理变量，探究政府审计对专项债券风险的影响。实证结果表明，加强政府审计有助于降低专项债券风险。进一步研究发现，金融发展强化了政府审计降低专项债券风险的作用；政府审计和财政透明度之间存在着一定的替代效应。

第四节　文献述评

纵观国内外研究文献，已有研究主要从国际层面的多国政府债务对比、国家层面的政府债务、省级层面的地方政府债务三个视角展开，对于影响因素、经济后果、潜在风险的讨论相对比较充分。但是基于中国制度背景下，地方政府债务影响企业财务行为的理论机制、经济后果的讨论相对匮乏。立足中国视角，基于地方政府债务的研究还有以下几点需要改善：

第一，要挖掘地方政府债务影响企业财务行为的作用机理。企业是地区发展的原动力，地方政府能够通过财政补贴、转移支付等多种方式对企业行为进行干预。已有研究关注了地方政府发行债务的影响因素及与经济增长的关系，却较少涉及中国制度背景下地方政府债务影响企业财务行为的讨论。未来应构建地方政府债务影响企业财务行为的理论和实证模型，丰富地方政府债务微观经济影响的分析框架。

第二，要丰富地方政府债务与企业财务行为的研究内容。针对地方政府债务规模扩张的现实状况，已有研究开始从企业债务融资、债务风险、投资规模等视角展开讨论，但是现有研究仍然不够丰富。未来研究应着力将地方政府债务作为切入点，将融资、投资、分配等企业财务管理的核心话题纳入讨论范畴，从微观视角丰富地方政府债务与企业财务行为的研究内容。

第三，要规范地方政府债务规模的估算方法。由于地方政府不直接公开披露地方债务数据，现有地方政府债务相关研究主要采用城投债数据、国债数据等进行计算，但是这种近似替代显然存在一定的偏差，无法对地方政府所承担的债务规模和特点进行准确反映。尤其是2015年以后以各类融资平台为代表的城投债开始同地方政府剥离，如何采用科学合理的方法，估算地方政府债务规模，是未来需要着力解决的重要问题。

基于上述分析，本书拟立足中国特殊制度背景，通过理论分析、实证检验等多种方式，深入探索地方政府债务形成的内在原因，厘清地方政府债务影响企业财务行为的作用路径和影响效果，以期为政府部门债务管理以及企业长期健康发展提出合理建议。

本章参考文献

［1］Afonso, A., Jalles, J. T. Growth and Productivity: The Role of Government Debt［J］. International Review of Economics & Finance, 2013, 25

(1): 384-407.

[2] Aizenman, J., Kletzer, K., Pinto, B. Economic Growth with Constraints on Tax Revenues and Public Debt: Implications for Fiscal Policy and Cross-Country Differences [R]. Working Paper, 2007.

[3] Akai, N., Sato, M. A Simple Dynamic Decentralized Leadership Model with Private Savings and Local Borrowing Regulation [J]. Journal of Urban Economics, 2011, 70 (1): 15-24.

[4] Ang, A., Bai, J., Zhou, H. The Great Wall of Debt: The Cross Section of Chinese Local Government Credit Spreads [R]. Working Paper, 2015.

[5] Arellano, C. Default Risk and Income Fluctuations in Emerging Economies [J]. American Economic Review, 2008, 98 (3): 690-712.

[6] Balassone, F., Francese, M., Pace, A. Public Debt and Economic Growth in Italy [R]. Working Paper, 2011.

[7] Barro, R. J. Are Government Bonds Net Wealth? [J]. Journal of Political Economy, 1974, 82 (6): 1095-1117.

[8] Baskaran, T. On the Link Between Fiscal Decentralization and Public Debt in OECD Countries [J]. Public Choice, 2010, 145 (3): 351-378.

[9] Baskaran, T. Soft Budget Constraints and Strategic Interactions in Subnational Borrowing: Evidence from The German States, 1975—2005 [J]. Journal of Urban Economics, 2012, 71 (1): 114-127.

[10] Baum, A., Checherita-Westphal, C., Rother, P. Debt and Growth: New Evidence for the Euro Area [J]. Journal of International Money and Finance, 2013, 32 (1): 809-821.

[11] Bernardini, M., Forni, L. Private and Public Debt Interlinkages in Bad Times [J]. Journal of International Money and Finance, 2020, 109 (10): 1-13.

[12] Bocola, L. The Pass-Through of Sovereign Risk [J]. Journal of Political Economy, 2016, 124 (4): 879-926.

[13] Borck, R., Fossen, F. M., Freier, R., Martin, T. Race to the Debt Trap? —Spatial Econometric Evidence on Debt in German Municipalities [J]. Regional Science and Urban Economics, 2015, 53 (4): 20-37.

[14] Broner, F., Martin, A., Pandolfi, L., Williams, T. Winners and Losers from Sovereign Debt Inflows [J]. Journal of International Economics, 2021, 130 (3): 1-30.

[15] Caner, M., Grennes, T., Koehler-Geib, F. Finding the Tipping Point-When Sovereign Debt Turns Bad [R]. Working Paper, 2010.

[16] Carapella, F., Williamson, S. Credit Markets, Limited Commitment, and Government Debt [J]. Review of Economic Studies, 2015, 82 (3): 963-990.

[17] Cecchetti, S., Mohanty, M., Zampolli, F. Achieving Growth amid Fiscal Imbalances: The Real Effects of Debt in Achieving Maximum Long-Run Growth [R]. Working Paper, 2012.

[18] Checherita-Westphal, C., Hughes Hallett, A., Rother, P. Fiscal Sustainability Using Growth-Maximizing Debt Targets [J]. Applied Economics, 2014, 46 (6): 638-647.

[19] Checherita-Westphal, C., Rother, P. The Impact of High Government Debt on Economic Growth and Its Channels: An Empirical Investigation for the Euro Area [J]. European Economic Review, 2012, 56 (7): 1392-1405.

[20] Chiu, Y. B., Lee, C. C. On the Impact of Public Debt on Economic Growth: Does Country Risk Matter? [J]. Contemporary Economic Policy, 2017, 35 (4): 751-766.

[21] Coimbra, N. Sovereigns at Risk: A Dynamic Model of Sovereign Debt and Banking Leverage [J]. Journal of International Economics, 2020, 124 (3): 1-21.

[22] Croce, M., Nguyen, T. T., Raymond, S. Persistent Government Debt and Aggregate Risk Distribution [J]. Journal of Financial Economics,

2021, 140 (2): 347-367.

[23] Croce, M. M., Nguyen, T. T., Raymond, S., Schmid, L. Government Debt and the Returns to Innovation [J]. Journal of Financial Economics, 2019, 132 (3): 205-225.

[24] Demirci, I., Huang, J., Sialm, C. Government Debt and Corporate Leverage: International Evidence [J]. Journal of Financial Economics, 2019, 133 (2): 337-356.

[25] Dvorkin, M., Sánchez, J. M., Sapriza, H., Yurdagul, E. News, Sovereign Debt Maturity, and Default Risk [J]. Journal of International Economics, 2020, 126 (5): 1-23.

[26] Eaton, J., Fernandez, R. Sovereign Debt [J]. Handbook of International Economics, 1995 (3): 2031-2077.

[27] Eberhardt, M. Nonlinearities in the Relationship between Debt and Growth: (No) Evidence from over Two Centuries [J]. Macroeconomic Dynamics, 2017, 23 (4): 1563-1585.

[28] Eberhardt, M., Presbitero, A. This Time They Are Different: Heterogeneity and Nonlinearity in the Relationship Between Debt and Growth [R]. Working Paper, 2013.

[29] Égert, B. Public Debt, Economic Growth and Nonlinear Effects: Myth or Reality? [J]. Journal of Macroeconomics, 2015, 43 (1): 226-238.

[30] Ehigiamusoe, K. U., Lean, H. H. The Role of Deficit and Debt in Financing Growth in West Africa [J]. Journal of Policy Modeling, 2020, 42 (1): 216-234.

[31] Elmendorf, D. W., Mankiw, N. G. Government Debt [J]. Handbook of Macroeconomics, 1999 (1): 1615-1669.

[32] Feld, L. P., Kirchgässner, G. Does Direct Democracy Reduce Public Debt? Evidence from Swiss Municipalities [J]. Public Choice, 2001, 109 (3): 347-370.

[33] Friedman, B. M. Crowding Out or Crowding In? The Economic Consequences of Financing Government Deficits [R]. Working Paper, 1978.

[34] Gennaioli, N., Martin, A., Rossi, S. Sovereign Default, Domestic Banks, and Financial Institutions [J]. Journal of Finance, 2014, 69 (2): 819-866.

[35] Geys, B. Government Weakness and Electoral Cycles in Local Public Debt: Evidence from Flemish Municipalities [J]. Local Government Studies, 2007, 33 (2): 237-251.

[36] Goodspeed, T. J. Bailouts in a Federation [J]. International Tax and Public Finance, 2002, 9 (4): 409-421.

[37] Graham, J., Leary, M. T., Roberts, M. R. How Does Government Borrowing Affect Corporate Financing and Investment? [R]. Working Paper, 2014.

[38] Graham, J. R., Leary, M. T., Roberts, M. R. A Century of Capital Structure: The Leveraging of Corporate America [J]. Journal of Financial Economics, 2015, 118 (3): 658-683.

[39] Greenwood, R., Hanson, S., Stein, J. C. A Gap-Filling Theory of Corporate Debt Maturity Choice [J]. Journal of Finance, 2010, 65 (3): 993-1028.

[40] Huang, Y., Pagano, M., Panizza, U. Local Crowding-Out in China [J]. Journal of Finance, 2020, 75 (6): 2855-2898.

[41] Hubbard, G. Consequences of Government Deficits and Debt [J]. International Journal of Central Banking, 2012, 8 (S1): 203-235.

[42] Islam, M. F., Hasan, M. S. The Macroeconomic Effects of Government Debt on Capital Formation in the United States: An Empirical Investigation [J]. Manchester School, 2007, 75 (5): 598-616.

[43] Izumi, R. Financial Stability with Sovereign Debt [J]. Journal of Financial Stability, 2020, 51 (6): 1-9.

[44] Jackson, T., Pennacchi, G. How Should Governments Create Liquidity? [J]. Journal of Monetary Economics, 2021, 118 (2): 281-295.

[45] Kiewiet, D. R., Szakaly, K. Constitutional Limitations on Borrowing: An Analysis of State Bonded Indebtedness [J]. Journal of Law, Economics, & Organization, 1996, 12 (1): 62-97.

[46] Kornai, J. Economics of Shortage. [M]. Amsterdam: North-Holland Publishing Company, 1980.

[47] Kourtellos, A., Stengos, T., Tan, C. M. The Effect of Public Debt on Growth in Multiple Regimes [J]. Journal of Macroeconomics, 2013, 38 (4): 35-43.

[48] Krishnamurthy, A., Vissing-Jorgensen, A. The Aggregate Demand for Treasury Debt [J]. Journal of Political Economy, 2012, 120 (2): 233-267.

[49] Krishnamurthy, A., Vissing-Jorgensen, A. The Impact of Treasury Supply on Financial Sector Lending and Stability [J]. Journal of Financial Economics, 2015, 118 (3): 571-600.

[50] Lara, J. L., López-Gallo, F., Lord, S., Romero, A. Effects of the International Regulatory Reforms over Market Liquidity of Mexican Sovereign Debt [J]. Journal of Financial Stability, 2021, 52 (1): 1-14.

[51] Larch, M., Orseau, E., Van Der Wielen, W. Do EU Fiscal Rules Support or Hinder Counter-Cyclical Fiscal Policy? [J]. Journal of International Money and Finance, 2021, 112 (3): 1-21.

[52] Liang, Y., Shi, K., Wang, L., Xu, J. Local Government Debt and Firm Leverage: Evidence from China [J]. Asian Economic Policy Review, 2017, 12 (2): 210-232.

[53] Liu, C., Moldogaziev, T. T., Mikesell, J. L. Corruption and State and Local Government Debt Expansion [J]. Public Administration Review, 2017, 77 (5): 681-690.

[54] Luo, W. Inequality and Government Debt: Evidence from OECD Panel Data [J]. Economics Letters, 2020, 186 (1): 1-4.

[55] Minea, A., Parent, A. Is High Public Debt Always Harmful to Economic Growth? Reinhart and Rogoff and some complex nonlinearities [R]. Working Paper, 2012.

[56] Munir, Q., Kok, S. C., Abdulnasir, W. Public Debt Sustainability and Economic Growth in Malaysia: Threshold and Causality Analysis [R]. Working Paper, 2016.

[57] Neck, R., Getzner, M. Politico-Economic Determinants of Public Debt Growth: A Case Study for Austria [J]. Public Choice, 2001, 109 (3-4): 243-268.

[58] Nguyen, T. Q., Clements, B. J., Bhattacharya, R. External Debt, Public Investment, and Growth in Low-Income Countries [R]. Working Paper, 2003.

[59] Pancrazi, R., Prosperi, L. Transparency, Political Conflict, and Debt [J]. Journal of International Economics, 2020, 126 (5): 1-36.

[60] Panizza, U., Presbitero, A. F. Public Debt and Economic Growth in Advanced Economies: A Survey [J]. Swiss Journal of Economics and Statistics, 2013, 149 (2): 175-204.

[61] Panizza, U., Presbitero, A. F. Public Debt and Economic Growth: Is There a Causal Effect? [J]. Journal of Macroeconomics, 2014, 41 (3): 21-41.

[62] Pattillo, C., Poirson, H., Ricci, L. A. External Debt and Growth [J]. Review of Economics and Institutions, 2011, 2 (3): 1-30.

[63] Pettersson-Lidbom, P. Dynamic Commitment and the Soft Budget Constraint an Empirical Test [J]. American Economic Journal. Economic Policy, 2010, 2 (3): 154-179.

[64] Pescatori, A., Sandri, D., Simon, J. Debt and Growth; Is There

a Magic Threshold? [R]. Working Paper, 2014.

[65] Plekhanov, A., Singh, R. How should Subnational Government Borrowing Be Regulated? Some Cross-Country Empirical Evidence [J]. IMF Staff Papers, 2006, 53 (3): 426-452.

[66] Puente-Ajovín, M., Sanso-Navarro, M. Granger Causality between Debt and Growth: Evidence from OECD Countries [J]. International Review of Economics & Finance, 2015, 35 (1): 66-77.

[67] Rant, V., Marinč, M., Porenta, J. Debt and Convergence: Evidence from the EU Member States [J]. Finance Research Letters, 2021, 39 (2): 1-10.

[68] Rathnayake, A. S. K. Sustainability of the Fiscal Imbalance and Public Debt under Fiscal Policy Asymmetries on Sri Lanka [J]. Journal of Asian Economics, 2020, 66 (1): 1-15.

[69] Raveh, O., Tsur, Y. Resource Windfalls and Public Debt: A Political Economy Perspective [J]. European Economic Review, 2020, 123 (3): 1-22.

[70] Reinhart, C. M., Reinhart, V. R., Rogoff, K. S. Public Debt Overhangs: Advanced-Economy Episodes since 1800 [J]. Journal of Economic Perspectives, 2012, 26 (3): 69-86.

[71] Reinhart, C. M., Rogoff, K. S. Growth in a Time of Debt [J]. American Economic Review, 2010a, 100 (2): 573-578.

[72] Reinhart, C. M., Rogoff, K. S. Debt and Growth Revisited [R]. Working Paper, 2010b.

[73] Rodden, J. The Dilemma of Fiscal Federalism: Grants and Fiscal Performance around the World [J]. American Journal of Political Science, 2002, 46 (3): 670-687.

[74] Schclarek, A. Debt and Economic Growth in Developing and Industrial Countries [R]. Working Paper, 2004.

[75] Schumacher, J., Trebesch, C., Enderlein, H. Sovereign Defaults in Court [J]. Journal of International Economics, 2021, 131 (4): 1-45.

[76] Seitz, H. Fiscal Policy, Deficits and Politics of Subnational Governments: The Case of the German Laender [J]. Public choice, 2000, 102 (3): 183-218.

[77] Smyth, D. J., Hsing, Y. In Search of an Optimal Debt Ratio for Economic Growth [J]. Contemporary Economic Policy, 1995, 13 (4): 51-59.

[78] Spilioti, S., Vamvoukas, G. The Impact of Government Debt on Economic Growth: An Empirical Investigation of the Greek Market [J]. Journal of Economic Asymmetries, 2015, 12 (1): 34-40.

[79] Sunder-Plassmann, L. Inflation, Default and Sovereign Debt: The Role of Denomination and Ownership [J]. Journal of International Economics, 2020, 127 (6): 1-22.

[80] Uchida, Y., Ono, T. Political Economy of Taxation, Debt Ceilings, and Growth [J]. European Journal of Political Economy, 2021, 68 (3): 1-36.

[81] Winter, C. The Impact of Government Debt on the Long-Run Natural Real Interest Rate-A Quantitative Evaluation [J]. Applied Economics Letters, 2017, 24 (20): 1429-1434.

[82] Wisniewski, T. P., Jackson, P. M. Government Debt Expansion and Stock Returns [J]. International Journal of Finance & Economics, 2021, 26 (4): 5017-5030.

[83] Woo, J., Kumar, M. S. Public Debt and Growth [J]. Economica, 2015, 82 (328): 705-739.

[84] 陈菁，李建发．财政分权、晋升激励与地方政府债务融资行为——基于城投债视角的省级面板经验证据 [J]. 会计研究，2015 (1): 61-67.

[85] 程宇丹，龚六堂．财政分权下的政府债务与经济增长 [J]. 世界经济，2015 (11): 3-28.

［86］范剑勇，莫家伟．地方债务、土地市场与地区工业增长［J］．经济研究，2014（1）：41-55.

［87］范小云，方才，何青．谁在推高企业债务融资成本——兼对政府融资的“资产组合效应”的检验［J］．财贸经济，2017（1）：51-65.

［88］伏润民，缪小林，高跃光．地方政府债务风险对金融系统的空间外溢效应［J］．财贸经济，2017（9）：31-47.

［89］韩健，程宇丹．地方政府债务规模对经济增长的阈值效应及其区域差异［J］．中国软科学，2018（9）：104-112.

［90］何杨，满燕云．地方政府债务融资的风险控制——基于土地财政视角的分析［J］．财贸经济，2012（5）：45-50.

［91］洪源，陈丽，曹越．地方竞争是否阻碍了地方政府债务绩效的提升？——理论框架及空间计量研究［J］．金融研究，2020（4）：70-90.

［92］洪源，秦玉奇，王群群．地方政府债务规模绩效评估、影响机制及优化治理研究［J］．中国软科学，2015（11）：161-175.

［93］胡奕明，顾祎雯．地方政府债务与经济增长——基于审计署2010~2013 年地方政府性债务审计结果［J］．审计研究，2016（5）：104-112.

［94］黄春元，毛捷．财政状况与地方债务规模——基于转移支付视角的新发现［J］．财贸经济，2015（6）：20-33.

［95］冀云阳，付文林，束磊．地区竞争、支出责任下移与地方政府债务扩张［J］．金融研究，2019（1）：128-147.

［96］贾俊雪，张晓颖，宁静．多维晋升激励对地方政府举债行为的影响［J］．中国工业经济，2017（7）：5-23.

［97］贾康，吴昺兵．PPP 财政支出责任债务属性问题研究——基于政府主体风险合理分担视角［J］．财贸经济，2020（9）：5-20.

［98］姜子叶，胡育蓉．财政分权，预算软约束与地方政府债务［J］．金融研究，2016（2）：198-206.

［99］李力，温来成，唐遥，张偲．货币政策与宏观审慎政策双支柱

调控下的地方政府债务风险治理［J］. 经济研究，2020（11）：36-49.

［100］梁琪，郝毅．地方政府债务置换与宏观经济风险缓释研究［J］. 经济研究，2019（4）：18-32.

［101］刘昊，陈工．地方政府债务规模的决定因素：探求省际差异的来源［J］. 财政研究，2019（2）：30-43.

［102］罗党论，佘国满．地方官员变更与地方债发行［J］. 经济研究，2015（6）：131-146.

［103］吕健．政绩竞赛，经济转型与地方政府债务增长［J］. 中国软科学，2014a（8）：17-28.

［104］吕健．影子银行推动地方政府债务增长了吗［J］. 财贸经济，2014b（8）：38-48.

［105］吕健．地方债务对经济增长的影响分析——基于流动性的视角［J］. 中国工业经济，2015（11）：16-31.

［106］马恩涛，于洪良．财政分权，地方债务控制与预算软约束［J］. 管理评论，2014（2）：24-35.

［107］马树才，华夏，韩云虹．地方政府债务如何挤出实体企业信贷融资？——来自中国工业企业的微观证据［J］. 国际金融研究，2020（5）：3-13.

［108］马文涛，马草原．政府担保的介入、稳增长的约束与地方政府债务的膨胀陷阱［J］. 经济研究，2018（5）：72-87.

［109］毛捷，黄春元．地方债务、区域差异与经济增长——基于中国地级市数据的验证［J］. 金融研究，2018（5）：1-19.

［110］毛锐，刘楠楠，刘蓉．地方债务融资对政府投资有效性的影响研究［J］. 世界经济，2018（10）：51-74.

［111］梅冬州，温兴春，王思卿．房价调控、地方政府债务与宏观经济波动［J］. 金融研究，2021（1）：31-50.

［112］缪小林，伏润民．权责分离，政绩利益环境与地方政府债务超常规增长［J］. 财贸经济，2015（4）：17-31.

［113］潘俊，王亮亮，沈晓峰．金融生态环境与地方政府债务融资成本——基于省级城投债数据的实证检验［J］．会计研究，2015（6）：34-41.

［114］潘俊，杨兴龙，王亚星．财政分权，财政透明度与地方政府债务融资［J］．山西财经大学学报，2016（12）：52-63.

［115］蒲丹琳，王善平．官员晋升激励，经济责任审计与地方政府投融资平台债务［J］．会计研究，2014（5）：88-93.

［116］邱栎桦，伏润民．财政分权、政府竞争与地方政府债务——基于中国西部D省的县级面板数据分析［J］．财贸研究，2015（3）：97-103.

［117］沈丽，刘媛，刘华军，李文君．地方政府债务风险的空间溢出及其解释——基于关系数据的研究［J］．财政研究，2019（3）：79-92.

［118］司海平，刘小鸽，魏建．地方政府债务融资的顺周期性及其理论解释［J］．财贸经济，2018（8）：21-34.

［119］孙刚，朱凯．地方政府性债务治理与上市企业投融资——基于我国247座城市的初步证据［J］．经济理论与经济管理，2017（7）：49-63.

［120］孙琳，桑宁．中期预算、权责发生制与政府债务控制——基于跨国面板数据的分析［J］．财贸经济，2018（11）：36-52.

［121］铁瑛，何欢浪．银行管制放松、财政开源与地方政府债务治理［J］．财政研究，2020（11）：71-83.

［122］汪峰，熊伟，张牧扬，钟宁桦．严控地方政府债务背景下的PPP融资异化——基于官员晋升压力的分析［J］．经济学（季刊），2020（3）：1103-1122.

［123］汪金祥，吴世农，吴育辉．地方政府债务对企业负债的影响——基于地市级的经验分析［J］．财经研究，2020（1）：111-125.

［124］王立勇，亓欣，赵洋．基于全口径政府债务率数据的我国最优债务率估算［J］．经济理论与经济管理，2015（2）：70-79.

［125］王叙果，张广婷，沈红波．财政分权、晋升激励与预算软约

束——地方政府过度负债的一个分析框架［J］. 财政研究，2012（3）：10-15.

［126］王永钦，戴芸，包特. 财政分权下的地方政府债券设计：不同发行方式与最优信息准确度［J］. 经济研究，2015（11）：65-78.

［127］韦小泉. 政府审计对地方政府专项债券风险的影响研究［J］. 审计研究，2020（4）：51-57.

［128］吴小强，韩立彬. 中国地方政府债务竞争：基于省级空间面板数据的实证研究［J］. 财贸经济，2017（9）：48-62.

［129］项后军，巫姣，谢杰. 地方债务影响经济波动吗［J］. 中国工业经济，2017（1）：43-61.

［130］向辉，俞乔. 债务限额、土地财政与地方政府隐性债务［J］. 财政研究，2020（3）：55-70.

［131］熊琛，金昊. 地方政府债务风险与金融部门风险的"双螺旋"结构——基于非线性 DSGE 模型的分析［J］. 中国工业经济，2018（12）：23-41.

［132］杨继东，杨其静，刘凯. 以地融资与债务增长——基于地级市面板数据的经验研究［J］. 财贸经济，2018（2）：52-68.

［133］余海跃，康书隆. 地方政府债务扩张、企业融资成本与投资挤出效应［J］. 世界经济，2020（7）：49-72.

［134］张莉，年永威，刘京军. 土地市场波动与地方债——以城投债为例［J］. 经济学（季刊），2018（3）：1103-1126.

［135］张莉，魏鹤翀，欧德赟. 以地融资、地方债务与杠杆——地方融资平台的土地抵押分析［J］. 金融研究，2019（3）：92-110.

［136］钟辉勇，陆铭. 财政转移支付如何影响了地方政府债务？［J］. 金融研究，2015（9）：1-16.

［137］朱莹，王健. 市场约束能够降低地方债风险溢价吗？——来自城投债市场的证据［J］. 金融研究，2018（6）：56-72.

第四章

金融危机与政府债务：

国际经验

第一节　经济周期与金融危机

一、经济周期的概念

经济周期（Business Cycle）也称商业周期、景气循环，一般是指经济活动沿着经济发展的总体趋势所经历的有规律的扩张和收缩，意味着国民总产出、总收入和总就业的波动，是国民收入或总体经济活动扩张与紧缩的交替或周期性波动变化。

传统的经济周期阶段划分为两阶段法和四阶段法。其中两阶段法考虑了经济增长率的变化情况，按照经济波动的扩张和收缩特征来划分经济周期；四阶段法则将经济周期细化为繁荣、衰退、萧条、复苏四个阶段，讨论国民总产出、总收入、总就业量的变动。

许多经济学家依据所掌握的资料提出了不同长度和类型的经济周期，包括：第一，基钦周期：认为经济周期有主要周期与次要周期两种，一个主要周期包括两个到三个次要周期，此时 3~4 年一次的次要周期被称为基钦周期；第二，朱格拉周期：以国民收入、失业率和大多数经济部门的生产、利润和价格的波动为标志加以划分，一般 9~10 年为一个经济周期，熊彼特称这种周期为中周期，汉森则把这种周期称为主要经济周期；第三，康德拉季耶夫周期：提出了一种为期 50~60 年的经济周期，也叫作长周期；第四，库兹涅茨周期：是一种与房屋建筑有关的周期，周期长度为 20 年左右，也称建筑业周期；第五，熊彼特周期：对各种周期理论进行综合分析，提出每一个长周期包括 6 个中周期，每一个中周期包括三个短周期。短周期约为40个月，中周期为9~10年，长周期为48~60年。

二、金融危机的基本类型

从1929—1933年的经济大萧条到20世纪80年代的拉美债务危机，再到1997年席卷东南亚地区的亚洲金融危机，每一次危机的爆发都极大地冲击着当时世界的经济秩序。2007—2009年，由美国次贷危机演化形成的全球金融风暴给世界经济带来的冲击更是史无前例。从宏观上看，每次金融危机的产生都改变了人们对金融创新和金融监管关系的认知，提升金融体系稳定性、防控金融风险成为危机后各国政府的重要政策施力点（支晓强等，2015）。按照一般的分类方法，金融危机大致可以分为货币危机、银行危机、债务危机三个基本类型。

（一）货币危机

狭义的货币危机是指实行固定汇率制的国家在经济基本面恶化或遭遇强大投机攻击的情况下，被迫对本国汇率制度进行调整，转而实行浮动汇率制，而由市场决定的汇率水平远高于之前官方所意在维护的汇率水平。货币危机发生时，人们对一国货币丧失信心，大量抛售该国货币，从而导致该国货币的汇率在短时间内急剧贬值。

（二）银行危机

银行危机是指由于一组金融机构的负债超过了其资产的市场价值，从而引起了挤兑、资产组合转换和政府干预的情况，其伴随现象是不良资产比重增加、清算、合并或重组事件的增加。

（三）债务危机

债务危机是指一国不能按时偿付其国外债务，包括主权债务和私人债务，表现为大量的公共和私人部门无法清偿到期债务，一国被迫要求债务重新安排和国际援助。通常情况下，国际债务危机是国内和国际因素共同作用的结果，其直接原因是对国际资本盲目借入和管理不当，具体表现为：外贸形势恶化、财政收入锐减、外债规模膨胀、外债结构不合理、外债使用不当等。

从现实世界看，以上三种危机并不是孤立存在的，尤其是从20世纪80年代开始，货币危机和银行危机经常同时发生，使得孪生危机成为金融危机的一个普遍现象。在金融全球化和自由化的今天，各种金融元素已经组成错综复杂的网络结构，货币危机、银行危机、债务危机同时发生的现象屡见不鲜（陈雨露和马勇，2013）。表4-1列举了历史上主要金融危机发生的时间及地区。分析该表可知，自17世纪30年代荷兰爆发“郁金香泡沫”以来，金融危机的爆发时而有之，对经济社会的侵害愈加严重。其中，20世纪80年代的拉美债务危机、1999—2000年巴西米纳斯吉拉斯州债务危机引发的巴西资本市场动荡、2009—2018年欧洲主权债务危机的急速蔓延等均证实了政府过度负债的潜在风险，在近几年引发全球范围内的思考。

表4-1 历史上主要金融危机时点及爆发地区

序号	时间	地区	序号	时间	地区
1	17世纪30年代	荷兰	10	20世纪80年代	日本
2	1919—1920年	法国	11	1987年	美国
3	1901—1903年	美国	12	1992—1993年	欧洲
4	1907—1908年	美国	13	1994—1995年	墨西哥
5	1929—1933年	美国	14	1997—1998年	亚洲
6	1948—1949年	美国	15	1999—2000年	巴西
7	20世纪60年代	英国	16	2007—2009年	美国
8	20世纪80年代	拉美	17	2009—2018年	欧洲
9	20世纪80年代	美国			

数据来源：陈雨露，马勇．大金融论纲［M］．北京：中国人民大学出版社，2013.

三、金融危机的国别研究

为了更好地观察金融危机对经济造成的严重冲击，本部分选取美国次贷危机、欧洲主权债务危机、墨西哥引发的拉美金融危机、日本和韩国与亚洲金融危机等历史上代表性的危机事件进行讨论，分析过程中所用数据主要来自中经网统计数据库。

（一）美国次贷危机

作为全球经济实力最强大的国家，美国在过去一个多世纪之中，几乎每隔10年就会爆发一次金融危机，并且每一次危机的爆发都伴随着全球经济的动荡。2007年，由美国次级抵押贷款机构破产引发的全球性金融风暴，深刻震撼了整个世界的经济秩序。因此，本部分首先以美国为例，从利率、货币供应量、股票市场等维度关注次贷危机。

图4-1列示了美国1999—2021年联邦基金利率和M3同比增速的变化趋势。由图4-1可知，自2000年开始，联邦基金利率进入下行轨道。在此期间，美国经济运行平稳并保持增长。但是2003年开始，美国联邦基金利率开始进入上行区间，这也形成了美国次贷危机爆发的导火索。随着2007年8月美国金融市场开始出现流动性不足，主要金融机构面临盈利预警及破产风险，次贷危机开始显现。2008年9月15日美国第四大投资银行雷曼兄弟陷入财务危机并申请破产保护，标志着次贷危机开始向全球蔓延，政府层面对金融体系的干预成为必然。自2008年以来，直到2016年，美国联邦基金利率始终维持在低位，在2011年更是达到了0.07%的低点。尽管2017—2019年美国联邦基金利率重新上扬，但是自2020年以来，受新冠疫情冲击的美国联邦基金利率重新进入低位徘徊。M3同比增速的变动受联邦基金利率的影响：在利率低位徘徊时，M3同比增速升高；在利率进入上行区间，M3同比增速下降。整体来看，图4-1展示了美国应对危机的利率政策调控，也揭示了现代金融体系运行过程中金融监管者和市场参与者的互动博弈状态，全景式地展现了金融危机的爆发和治理过程。

图4-2进一步列示了1999—2021年美国证券市场股票价格同比变化的趋势。作为经济的晴雨表，证券市场历来都和实体经济的运行状态息息相

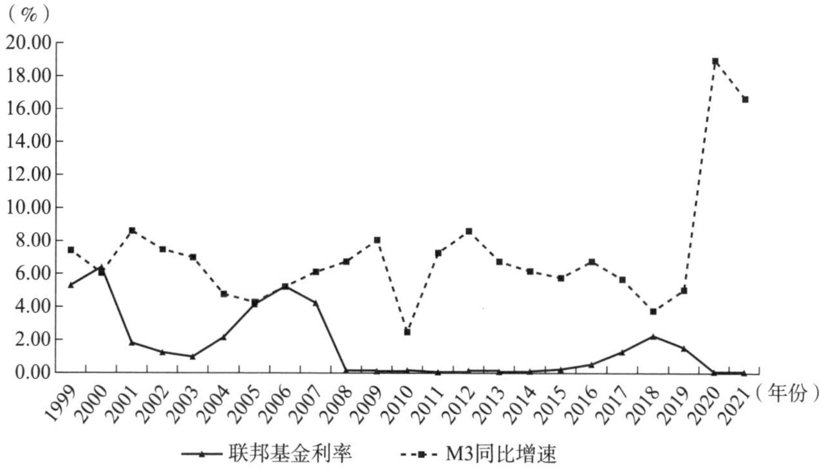

图 4-1　1999—2021 年美国联邦基金利率和 M3 同比增速变化趋势

数据来源：中经网统计数据库。

关。观察美国证券市场股票变化趋势可知，股票价格的同比变化在 2000—2003 年、2008—2010 年两个时间段尤为值得关注。在 2000—2003 年，美国证券市场股票价格的低位运行主要源于互联网泡沫的破裂；2008—2010 年，股票价格的下跌则主要源于次贷危机的负面后果。

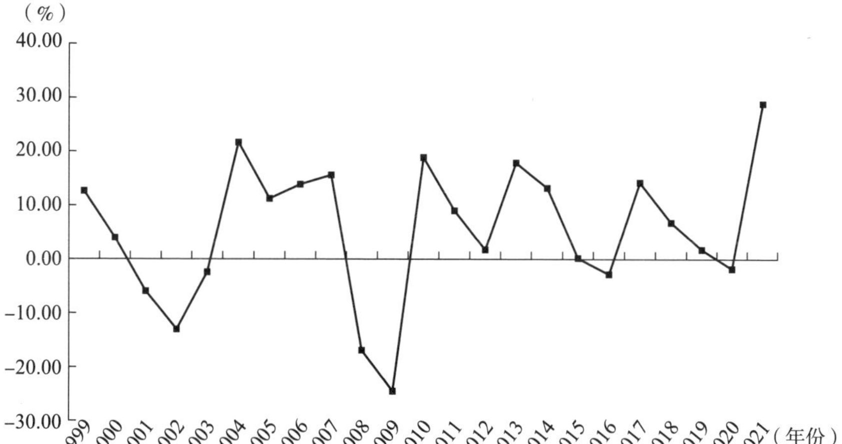

图 4-2　1999—2021 年美国证券市场股票价格同比变化率趋势

数据来源：中经网统计数据库。

以美国联邦基金利率、货币供应量、股票市场三个维度可知，信贷环境的变化催生了金融市场的风险。在现代金融体系建设过程中，应该格外关注金融机构创新和金融监管创新的互动关系，着力实现经济稳定、健康发展。

（二）欧洲主权债务危机

欧洲主权债务危机（欧债危机）是指自 2009 年以来在欧洲部分国家爆发的主权债务危机。此次危机是美国次贷危机的延续和深化，爆发的直接原因是政府的债务负担超过了承受能力，最终引发了违约风险。

2009 年希腊债务危机的爆发拉开了欧债危机的序幕，随后西班牙、葡萄牙、意大利、爱尔兰的债务危机相继爆发，被戏称为“欧猪五国”（PIIGS）。这场危机直接引发了穆迪、惠誉、标准普尔等评级机构对相关国家信用评级的下调，并导致欧洲主要金融市场出现剧烈动荡。图 4-3 以欧洲五国政府债券收益率为对象，画出了 1999—2021 年十年期政府债券收益率的变化图。以 2009 年为标志，欧洲五国的国债收益率开始进入上行区间，与欧洲债务危机的爆发时点相契合。这一上行趋势在 2012 年达到最高点，并在 2018 年后进入平稳状态。可以说，欧洲债务危机在 2009—2018 年经历了长达十年的痛苦过程。

欧洲债务危机的表层原因在于爆发危机国家的财政赤字率、政府债务率超过了《马斯特里赫特条约》规定的 3%和 60%警戒线，但是深层次的原因在于欧洲统一的金融体系中资本自由流动导致经常项目赤字国家能够便利地从金融市场低成本地筹措资金，从而维持了国际收支的基本平衡。分散的“财政”与统一的“货币”促使欧元区国家缺乏独立的货币政策却拥有超支的财政能力，从而纵容了政府债务的积累和实体经济的失衡。

传统上，以主权国家为代表的国家信用被认为是一种相对稳固的信用形式，但是欧债危机的爆发为财政机制和信用机制的建立和完善提供了深刻教训。正确理解财政赤字的产生原因和偿还逻辑，把握政府行为中的财政信用机制，平衡现在和将来的财政收支关系，规避“赤字轮转”所导致的金融风险传染，是未来政府财政行为需要格外关注的焦点问题。

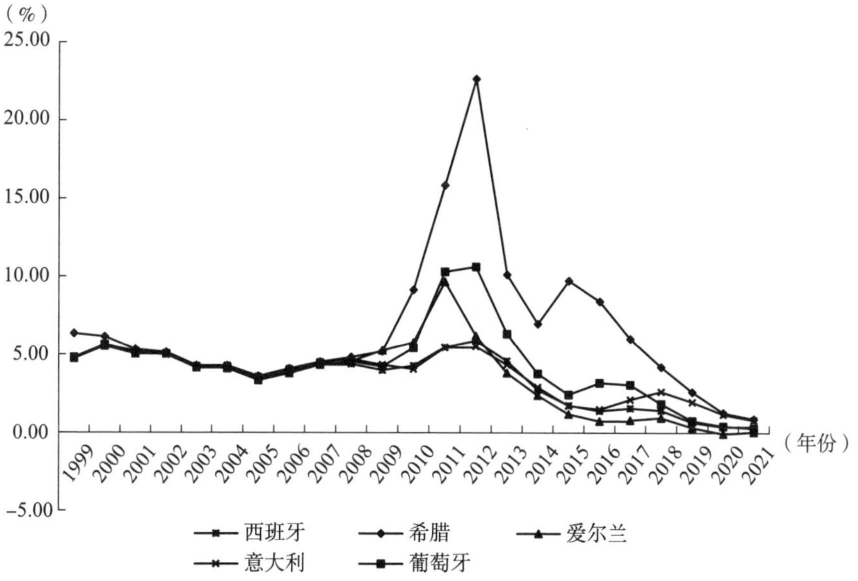

图 4-3　1999—2021 年欧洲五国十年期政府债券收益率

数据来源：中经网统计数据库。

（三）墨西哥引发的拉美金融危机

自 20 世纪 70 年代以来，货币危机、银行危机、债务危机在拉美国家普遍存在，超过 35%的拉美国家曾爆发过两次以上的金融危机。1981 年，墨西哥公共外债总额高达 565.75 亿美元之巨，1982 年到期的公共债务本息为 268.30 亿美元。由于无力支付本息，墨西哥曾要求国外银行准许延期支付，但被拒绝。此情景导致 1982 年 8 月墨西哥政府宣布无力偿还外债，并无限期关闭汇兑市场，暂定偿付外债。由墨西哥引发的金融危机在后续蔓延到了巴西、阿根廷、秘鲁等国家。

图 4-4 列示了墨西哥在 1980—2000 年的 M3 规模及 M3 同比增速。观察此图可知，自 1982 年墨西哥宣布暂停汇兑市场以来，该国的 M3 同比增

速上扬，在 1987 年达到 113.96%，整个 20 世纪 80 年代，墨西哥都笼罩在债务违约的阴影之下，货币发行量激增，这种情景在进入 90 年代后才略微好转。但是由于前期 M3 累计规模巨大，90 年代降低的 M3 同比增速依然引致了 M3 规模的快速上升。

事实上，在 20 世纪 80 年代拉美金融危机第一次爆发时，整个拉美地区的外债规模已达 3800 亿美元左右，拉美地区严重的“债务依赖症”虽然短期内推动了经济快速增长，但是却导致经济抗风险能力极差，货币贬值、股市暴跌、金融危机频发等成为拉美地区经济发展长期的不安定因素。

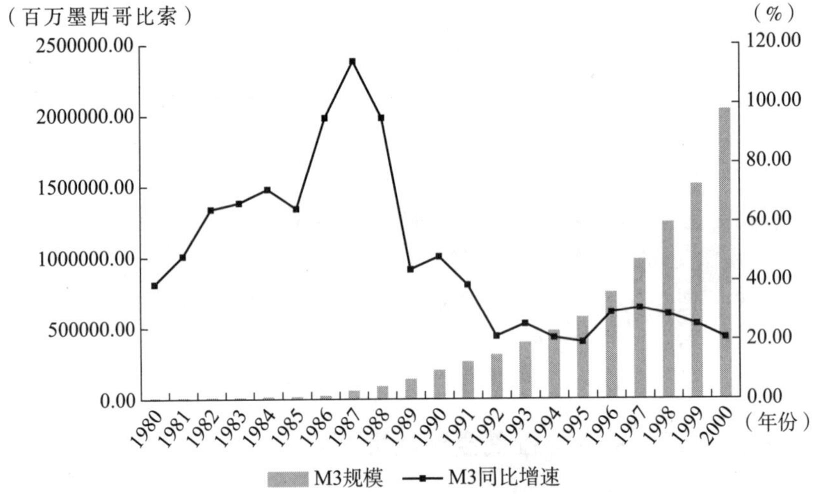

图 4-4　1980—2000 年墨西哥 M3 规模及 M3 同比增速

数据来源：中经网统计数据库。

（四）日本、韩国与亚洲金融危机

1997 年，一场始料未及的金融风暴席卷东南亚国家，泰国、菲律宾、马来西亚等国家相继遭遇货币贬值、股市下滑、经常项目赤字的窘境，经济增长明显放慢。这场危机迅速蔓延至全球其他地区，日本、韩国的金融震荡尤为明显。

图 4-5 展示了日本、韩国在 1990—2010 年的股票价格指数同比变化率。由图可知，1997 年日本和韩国的股票价格指数分别同比下滑了 13.12%和 21.56%，这一趋势在 1998 年扩展到了 15.52%和 37.42%。可以说，亚洲金融危机深刻冲击了日本、韩国的经济秩序。

尤其以日本为例，1986—1989 年资产价格的快速上涨严重脱离了实际资产价值，造成了经济泡沫。进入 1990 年，日本进入了资产价格下跌、经济长期萧条的困难局面。此种局面虽然有《广场协议》《卢浮宫协议》导致日本仓促开展金融自由化改革的影响，但是虚拟经济与实体经济的失衡、股票市场的非理性上涨、金融限制的放松等也是导致日本经济进入下行区间的重要因素。

鉴于银行部门在日本、韩国等国家金融体系中的主导地位，银行体系的脆弱性使其在面对外部冲击时，面临连锁反应式的信用恐慌和崩溃。银行资产负债表的恶化是亚洲国家陷入金融危机的关键因素。如何正确处理金融抑制与金融资产优化的关系，消除金融不稳定造成的潜在风险，是亚洲未来金融体系改革过程中需要关注的重点。

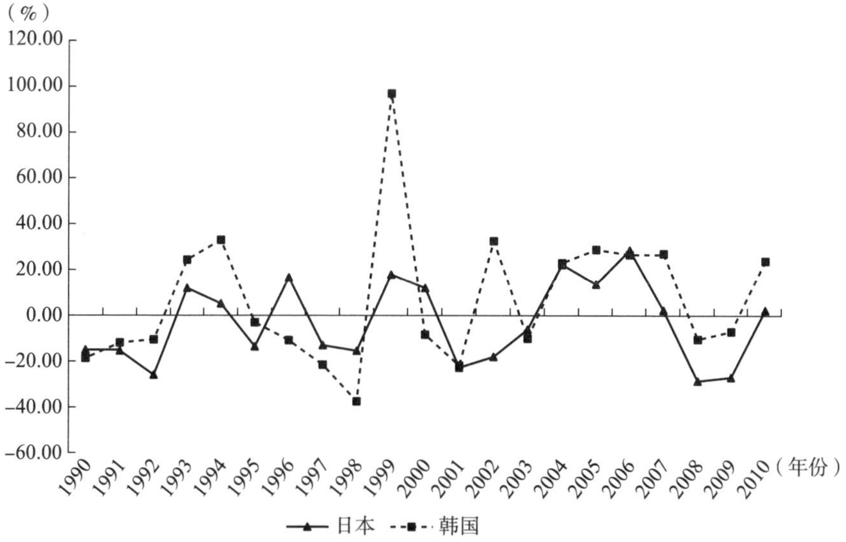

图 4-5 1990—2010 年日本、韩国股票价格指数同比变化率

数据来源：中经网统计数据库。

第二节 国际视角下的政府债务

一、国际视角下主要国家的经济实力

以 2007—2008 年的金融危机为起点，世界多数国家均实施了大规模的财政稳定政策来应对经济萧条。但是，扩张性财政政策的实施却引发了全球范围内政府债务的快速上升，经济学者开始担忧政府债务的潜在风险，认为长期税收负担和通货膨胀会引发经济增长后续动能不足（Croce et al.，2019）。尤其在政府债务与银行信贷规模深度绑定的宏观背景下，当政府债务步入扩张轨道时，私人部门所能获得的信贷资源减少，实体经济的活力将大幅降低（Gennaioli et al.，2014；Bocola，2016；Demirci et al.，2019）。此时，理清各个国家的基本经济状况对于分析政府债务的风险具有重要的现实意义。

本部分首先关注世界主要国家的国内生产总值（Gross Domestic Product，GDP）状况。基于代表性和平衡性原则，选取亚洲、欧洲、美洲、非洲主要国家进行讨论，并将中国相关财政数据予以列示进行对比分析。其中亚洲选取印度、日本、韩国，欧洲选取英国、德国、法国、俄罗斯，美洲选取巴西、美国，非洲选取南非。应该说，所选取的样本基本覆盖了世界主要发达国家及发展中国家，美国、英国、德国、法国、日本、韩国为世界主要的发达经济体，印度、俄罗斯、巴西、南非是金砖国家成员，也是世界主要的发展中经济体。本节所用数据，包括国内生产总值、一般政府收入占国内生产总值的比值、一般政府总支出占国内生产总值的比值、政府债务总额占国内生产总值的比值、政府债务净额占国内生产总值的比值等均主要来自 EPS 全球统计数据/分析平台。

表 4-2 列示了 2007—2021 年世界主要国家的国内生产总值状况。由表可知，美国作为全球最发达的超级大国，在世界经济中占有举足轻重的地位，在 2007—2021 年始终占据世界第一的宝座，规模在 2021 年超过 22 万

亿美元。日本、英国、德国作为老牌经济发达国家，在2007—2021年经济总量也始终在3万亿美元以上。相对而言，法国和韩国的经济实力稍弱，但是也明显高于南非等发展中国家。在发展中国家中，印度在2007—2021年取得了长足的进步，其国内生产总值从2007年略微超过1万亿美元蹿升至2021年的接近3万亿美元，对比俄罗斯、巴西等发展中大国优势明显，甚至高于法国等传统发达国家。

从经济实力的角度看，中国2007年国内生产总值超过3.5万亿美元，居世界第三位，并在2010年正式超过日本，升至全球第二位。以此为基础，中国经济在2014年国内生产总值超过10万亿美元，2021年超过17万亿美元，快速的经济增长为中国调整产业结构，构建新发展格局奠定了良好的基础。

表4-2 世界主要国家的国内生产总值 （单位：10亿美元）

年份	亚洲				欧洲				美洲		非洲
	中国	印度	日本	韩国	英国	德国	法国	俄罗斯	巴西	美国	南非
2007	3556	1239	4580	1172	3095	3426	2657	1393	1397	14474	333
2008	4577	1224	5107	1049	2952	3745	2916	1779	1696	14770	316
2009	5089	1365	5289	944	2421	3408	2691	1308	1669	14478	331
2010	6034	1708	5759	1144	2484	3402	2642	1633	2209	15049	417
2011	7492	1823	6233	1253	2661	3749	2862	2047	2614	15600	459
2012	8540	1828	6272	1278	2705	3529	2684	2191	2464	16254	434
2013	9625	1857	5212	1371	2785	3734	2811	2288	2472	16843	401
2014	10524	2039	4897	1484	3067	3890	2852	2049	2456	17551	381
2015	11114	2104	4445	1466	2933	3358	2438	1357	1800	18206	347
2016	11227	2294	5004	1499	2703	3469	2471	1281	1797	18695	323
2017	12265	2651	4931	1623	2665	3690	2589	1575	2064	19480	381
2018	13842	2701	5037	1725	2861	3979	2790	1653	1917	20527	404
2019	14341	2871	5136	1651	2833	3889	2729	1690	1878	21373	388
2020	14863	2660	5045	1638	2710	3843	2624	1479	1445	20894	338
2021	17759	2946	5103	1824	3108	4230	2940	1648	1646	22940	419

数据来源：EPS全球统计数据/分析平台。

二、世界主要国家的财政收入和支出情况

鉴于世界主要国家的一般政府收入和一般政府支出存在货币计量不一致，表4-3和表4-4主要从比值的角度对比不同国家的财政收支状况。

表4-3为2007—2021年世界主要国家一般政府收入占国内生产总值的比值。观察此表可知，2007—2021年法国、德国的一般政府收入占国内生产总值的比例常年保持在40%以上，法国甚至在多数年份超过50%，这一结果说明这两个国家的财政实力较为强大，国家的财税政策、税收征管强度等执行得较为严格。相对而言，大多数国家（日本、英国、俄罗斯、巴西、美国）一般政府收入占国内生产总值的比值都在30%~40%。南非、韩国、印度的一般政府收入占国内生产总值的比值长期低于30%，尤其印度在部分年度保持在20%以下，较低的政府收入占比反映了这些国家在实行财政政策时着重于对市场参与主体的刺激，力图实现经济快速增长。

中国一般政府收入占国内生产总值的比值基本处在25%~30%，在全球范围内位于较低水平，仅高于印度、韩国、南非等国家，与中国较强的经济实力相结合，较低的一般政府收入预示着中国的宏观税负仍低于世界平均水平，也预示着中国可用的财政政策工具较为丰富。

表4-3　世界主要国家一般政府收入占国内生产总值的比值　（单位:%）

年份	亚洲				欧洲				美洲		非洲
	中国	印度	日本	韩国	英国	德国	法国	俄罗斯	巴西	美国	南非
2007	18.21	21.96	30.22	21.66	35.88	43.66	49.93	37.53	34.88	31.65	25.65
2008	22.50	19.71	30.00	21.37	35.86	44.08	50.03	36.56	35.88	30.54	25.52
2009	23.90	18.52	28.99	20.37	34.55	45.05	49.98	32.71	33.91	28.23	23.79
2010	24.73	18.82	28.67	20.10	35.53	43.76	50.00	32.31	36.07	28.78	23.76
2011	27.02	19.29	29.64	20.69	36.14	44.36	51.14	34.69	35.11	29.09	24.36
2012	27.86	19.81	30.44	21.16	36.08	44.93	52.13	34.41	34.71	29.11	24.58
2013	27.73	19.60	31.17	20.52	36.47	44.98	53.14	33.49	34.49	31.30	25.01
2014	28.21	19.15	32.77	20.16	35.63	44.88	53.31	33.87	32.50	31.38	25.40

续表

年份	亚洲				欧洲				美洲		非洲
	中国	印度	日本	韩国	英国	德国	法国	俄罗斯	巴西	美国	南非
2015	29.01	19.85	33.62	20.26	35.75	45.10	53.17	31.89	28.23	31.67	25.79
2016	28.92	20.11	33.63	21.13	36.29	45.51	53.05	32.92	30.65	31.25	26.18
2017	29.23	20.00	33.59	21.83	36.84	45.51	53.55	33.36	30.44	30.84	25.84
2018	28.99	19.97	34.29	22.95	36.78	46.24	53.36	35.54	30.60	30.14	26.49
2019	28.05	19.66	34.20	22.92	36.56	46.46	52.29	35.80	31.43	30.08	26.75
2020	25.69	18.29	34.75	22.95	36.58	46.53	52.58	35.39	29.36	30.59	25.01
2021	26.64	19.17	34.54	23.59	35.84	46.32	51.73	36.42	30.18	31.14	27.12

数据来源：EPS全球统计数据/分析平台。

表4-4进一步展示了2007—2021年世界主要国家一般政府总支出占国内生产总值的比值。综合来看，德国和法国的一般政府总支出占国内生产总值的比值也较高，常年超过40%，其中法国在2020年和2021两年甚至高达60%以上，说明这两个国家能够运用财政对宏观经济运行进行调控。日本、英国、俄罗斯、巴西、美国的一般政府总支出占国内生产总值的比值常年保持在30%~40%，相对比较稳定。南非、韩国、印度的一般政府总支出占国内生产总值的比值基本在30%以下，尤其印度的一般政府总支出在2020年和2021年两年占国内生产总值的比值甚至超过30%，联系印度政府收入比值，可以推测印度较多使用了财政赤字的方式调控宏观经济。

中国的一般政府总支出占国内生产总值的比值以2014年为分界点，在2014年以前基本保持在30%以下，但在2014年以后保持逐年上升的态势，最高达到了2020年的35.40%。2014年的分界点也正契合了中国在2013年前后对政府债务潜在违约风险的关注，也正是从这个时间点开始，国务院和财政部出台各项规定和政策竭力治理政府债务规模的迅速扩张。

表 4-4　世界主要国家一般政府总支出占国内生产总值的比值　（单位:%）

年份	亚洲				欧洲				美洲		非洲
	中国	印度	日本	韩国	英国	德国	法国	俄罗斯	巴西	美国	南非
2007	18.15	26.47	33.56	19.58	38.52	43.40	52.57	31.94	37.62	34.56	24.43
2008	22.53	28.69	34.50	19.91	40.99	44.20	53.30	32.01	37.41	37.14	26.01
2009	25.65	28.05	39.09	20.35	44.59	48.20	57.15	38.60	37.10	41.40	28.46
2010	25.09	27.45	38.14	18.63	44.76	48.14	56.88	35.51	39.89	39.76	28.28
2011	27.12	27.64	38.99	19.07	43.61	45.24	56.29	33.26	37.58	38.75	28.06
2012	28.16	27.36	38.96	19.67	43.69	44.92	57.11	34.03	37.23	37.11	28.62
2013	28.56	26.60	39.06	19.91	41.97	44.94	57.23	34.65	37.45	35.84	28.91
2014	28.89	26.22	38.66	19.76	41.16	44.30	57.21	34.94	38.52	35.43	29.32
2015	31.55	27.06	37.56	19.74	40.29	44.14	56.80	35.27	38.48	35.21	30.16
2016	32.32	27.23	37.47	19.49	39.56	44.35	56.69	36.59	39.64	35.59	29.91
2017	32.64	26.23	36.90	19.64	39.26	44.18	56.50	34.83	38.30	35.46	29.86
2018	33.28	26.35	36.99	20.38	39.00	44.33	55.65	32.62	37.70	35.58	30.23
2019	34.15	27.05	37.31	22.55	38.87	44.99	55.35	33.87	37.31	35.81	31.46
2020	35.40	31.07	45.04	25.19	49.11	50.84	61.78	39.41	42.73	45.45	34.64
2021	32.69	30.44	43.54	26.52	47.74	53.16	60.66	36.98	36.34	41.96	32.67

数据来源：EPS全球统计数据/分析平台。

为了更好地展示世界主要国家政府财政收支情况，本部分进一步将各个国家政府收入占国内生产总值的比值减去政府总支出占国内生产总值的比值，讨论世界主要国家的财政赤字情况。表4-5列示了2007—2021年世界主要国家的财政赤字情况。由表可知，财政赤字作为一项宏观经济调控工具在世界各国被普遍使用。其中，美国2007—2021年普遍面临财政赤字问题，甚至在2009年、2010年、2020年、2021年四个年度的赤字比值达到10%以上。印度作为发展中国家，不仅政府收入、总支出占国内生产总值的比值在世界主要国家中最低，其财政赤字也常年保持高位，在2020年以后甚至已经超过10%。其他国家（日本、英国、法国、俄罗斯、南非）除了在个别年份产生财政盈余之外，大多数年份均保持10%以下的财政赤字。值得一提的是，韩国、德国作为发达国家，2007—2021年，其财政收支在较多年份保持盈余状态，表明政府储备了一定的经济调控能力。

中国在 2007—2021 年处于经济快速发展阶段，此时政府倾向于采用扩张性的财政政策来支撑国内生产总值的增长。因此中国在 2007—2021 年普遍存在财政赤字情况，在 2014 年以前，除了 2009 年“四万亿”投资计划所引发的财政赤字增加外，中国的财政赤字占国内生产总值的比重一般低于 1%。但是，自 2015 年开始，中国财政赤字的规模开始扩大化，最高达到了 2020 年的 9.72%，说明在这一阶段扩张性财政政策成为政府刺激经济的常用手段。

表 4-5 世界主要国家财政赤字情况 （单位:%）

年份	亚洲				欧洲				美洲		非洲
	中国	印度	日本	韩国	英国	德国	法国	俄罗斯	巴西	美国	南非
2007	0.06	-4.51	-3.34	2.08	-2.64	0.26	-2.64	5.59	-2.74	-2.91	1.22
2008	-0.02	-8.98	-4.50	1.46	-5.13	-0.12	-3.27	4.55	-1.53	-6.60	-0.49
2009	-1.75	-9.53	-10.10	0.02	-10.04	-3.15	-7.17	-5.89	-3.19	-13.17	-4.67
2010	-0.36	-8.63	-9.47	1.47	-9.23	-4.38	-6.88	-3.20	-3.82	-10.98	-4.52
2011	-0.10	-8.35	-9.35	1.62	-7.47	-0.88	-5.15	1.43	-2.47	-9.66	-3.70
2012	-0.30	-7.55	-8.52	1.49	-7.61	0.01	-4.98	0.38	-2.52	-8.00	-4.04
2013	-0.84	-7.00	-7.89	0.61	-5.50	0.04	-4.09	-1.16	-2.96	-4.54	-3.90
2014	-0.68	-7.07	-5.89	0.40	-5.53	0.58	-3.90	-1.07	-6.02	-4.05	-3.92
2015	-2.54	-7.21	-3.94	0.52	-4.54	0.96	-3.63	-3.38	-10.25	-3.54	-4.37
2016	-3.39	-7.12	-3.84	1.64	-3.27	1.16	-3.64	-3.67	-8.99	-4.34	-3.73
2017	-3.40	-6.23	-3.31	2.19	-2.42	1.33	-2.95	-1.47	-7.86	-4.62	-4.02
2018	-4.28	-6.38	-2.70	2.57	-2.22	1.91	-2.29	2.92	-7.10	-5.44	-3.74
2019	-6.10	-7.39	-3.11	0.37	-2.31	1.47	-3.06	1.93	-5.88	-5.73	-4.71
2020	-9.72	-12.78	-10.29	-2.24	-12.53	-4.31	-9.20	-4.02	-13.37	-14.86	-9.63
2021	-6.05	-11.27	-9.00	-2.93	-11.90	-6.84	-8.93	-0.56	-6.16	-10.82	-5.55

数据来源：EPS 全球统计数据/分析平台。

三、国际视角下的政府债务规模

政府债务是政府收入难以满足支出时的必然选择。可以说，政府融资的过程是一个购买力创造的过程，也是一个风险累积的过程。如何平衡政府债务对经济增长的推动作用和其潜在风险对经济健康的侵害可能，成为每一个经济体都需要重视的问题。从历史维度看，只有那些自律性比较好的国家能够避免债务危机的产生（瑞·达利欧，2019）。

本部分以前述讨论为基础，进一步关注世界主要国家政府债务风险问题。表4-6揭示了2007—2021年世界主要国家政府债务总额占国内生产总值的比值。由表可知，日本和美国两个国家政府债务总额占国内生产总值的比值常年超过100%，其中日本在2007年即达到了172.81%，在2021年甚至上涨到了256.86%；美国政府债务与国内生产总值的比值在2012年正式超过100%，在2021年高达133.28%。根据《马斯特里赫特条约》规定的政府债务占国内生产总值60%的警戒线，可以预期日本、美国政府债务巨大的潜在风险。另外，英国、法国政府债务与国内生产总值的比值也在2020年超过100%，潜在的政府债务违约风险值得关注。印度、德国、巴西的政府债务与国内生产总值的比值尽管未超过100%，但是在2007—2021年的大多数年份也高于60%的警戒线。相对而言，韩国、俄罗斯、南非对于政府债务的规模控制情况较高，政府财政收支状况比较健康。

作为发展中大国，中国在2018年以前政府债务占国内生产总值的比值一直呈现上升态势，但是始终处在60%的警戒线以下。自2019年开始，中国政府债务占国内生产总值的比值正式超过60%，并于2021年达到71.84%，连续3年超过60%的警戒线。联系中国对于政府债务问题的关注及政府债务所隐藏的系统性金融风险，基于中国制度背景讨论政府债务问题极为重要。

表4-6 世界主要国家政府债务总额占国内生产总值的比值 （单位：%）

年份	亚洲				欧洲				美洲		非洲
	中国	印度	日本	韩国	英国	德国	法国	俄罗斯	巴西	美国	南非
2007	29.16	74.12	172.81	27.43	41.55	64.16	64.54	8.03	64.14	64.57	24.33
2008	27.16	72.84	180.72	26.95	49.33	65.68	68.78	7.45	62.33	73.43	24.05
2009	34.57	71.52	198.70	29.98	63.19	73.16	83.04	9.92	65.46	86.58	27.00

续表

年份	亚洲				欧洲				美洲		非洲
	中国	印度	日本	韩国	英国	德国	法国	俄罗斯	巴西	美国	南非
2010	33.92	66.40	205.69	29.49	74.27	82.47	85.26	10.11	63.05	95.14	31.19
2011	33.77	68.65	219.09	33.06	79.98	79.88	87.84	10.34	61.20	99.49	34.74
2012	34.39	67.99	226.09	35.04	83.16	81.20	90.60	11.17	62.20	103.00	37.41
2013	37.04	67.71	229.63	37.69	84.16	78.77	93.41	12.35	60.19	104.49	40.36
2014	39.97	67.10	233.53	39.71	86.06	75.71	94.89	15.14	62.31	104.45	43.25
2015	41.49	69.05	228.40	40.78	86.72	72.34	95.58	15.29	72.57	104.88	45.20
2016	50.70	68.94	232.52	41.22	86.78	69.30	97.96	14.85	78.29	106.93	47.13
2017	54.95	69.68	231.42	40.05	86.31	64.98	98.32	14.31	83.63	105.98	48.59
2018	56.66	70.44	232.51	40.02	85.78	61.59	97.95	13.62	85.64	107.06	51.68
2019	60.40	74.09	235.45	42.13	85.24	59.24	97.62	13.79	87.66	108.46	56.22
2020	70.14	89.61	254.13	47.88	104.47	69.06	115.08	19.28	98.94	133.92	69.00
2021	71.84	90.60	256.86	51.30	108.50	72.50	115.83	17.94	90.55	133.28	68.98

数据来源：EPS 全球统计数据/分析平台。

表 4-7 进一步提出了政府债务净额的概念，认为在考虑政府债务时需要用债务总额减去政府持有的金融资产，来更好地衡量政府债务的潜在风险。由于数据缺失问题，表 4-7 未列示中国、印度、俄罗斯政府债务净额与国内生产总值的比值。已列示数据表明，在考虑政府持有的金融资产之后，日本政府债务净额占国内生产总值的比值依然在大多数年份超过 100%，高于国际通行的 60%警戒线。美国政府债务净额占国内生产总值的比值有所降低，但是自 2009 年之后也始终高于 60%，并于 2021 年达到 101.88%。其他国家中，英国、法国政府债务净额与国内生产总值的比值在 2010 年以后均超过 60%，尽管低于 100%，仍揭示了上述两个国家的政府债务存在违约风险。韩国、德国、巴西、南非的政府债务在考虑净额后，风险极大降低，表明上述 4 国政府具有较强的应对宏观经济风险的能力。

表 4-7 世界主要国家政府债务净额占国内生产总值的比值 (单位:%)

年份	亚洲				欧洲				美洲		非洲
	中国	印度	日本	韩国	英国	德国	法国	俄罗斯	巴西	美国	南非
2007	—	—	94.38	25.66	36.46	53.38	58.05	—	44.55	45.46	19.92
2008	—	—	105.61	25.74	43.51	53.12	59.81	—	37.57	51.67	20.14
2009	—	—	120.30	28.68	56.50	60.00	69.75	—	40.89	62.77	23.47
2010	—	—	128.77	27.96	67.17	62.39	73.62	—	37.98	69.89	26.41
2011	—	—	139.81	31.55	71.74	60.48	76.43	—	34.47	76.39	29.06
2012	—	—	144.01	2.32	74.70	59.75	79.97	—	32.19	80.52	32.43
2013	—	—	142.93	5.79	75.91	58.79	82.99	—	30.50	80.44	35.25
2014	—	—	145.15	7.52	77.87	55.20	85.47	—	32.59	81.15	38.12
2015	—	—	144.59	9.49	78.21	52.48	86.35	—	35.64	80.90	41.05
2016	—	—	149.56	9.73	77.79	49.60	89.19	—	46.14	81.93	42.08
2017	—	—	148.11	9.61	76.75	45.67	89.38	—	51.37	81.64	43.78
2018	—	—	151.16	9.58	75.95	42.87	89.24	—	52.77	82.05	46.72
2019	—	—	150.81	11.68	75.29	40.83	88.88	—	54.57	82.98	50.70
2020	—	—	167.01	17.43	91.82	50.07	102.56	—	62.70	98.72	62.20
2021	—	—	171.55	20.85	97.23	54.45	103.30	—	60.71	101.88	63.21

注：由于中国、印度、俄罗斯的政府债务净额占国内生产总值的数据缺失，因此并未予以列示。

数据来源：EPS 全球统计数据/分析平台。

第三节　本章小结

本章主要基于国际视角讨论金融危机与政府债务的关系，并试图以典型国家为例分析不同国家的财政收支状况及政府债务规模，以期为中国地方政府债务的研究奠定国际视野。整体来看，本章首先明晰了经济周期和金融危机的概念，认为在现代经济社会中货币危机、银行危机和债务危机开始同时发生，影响深度和广度均呈现扩大化的特点。在具体分析中，本章选取美国次贷危机、欧洲主权债务危机、墨西哥引发的拉美金融危机、日本和韩国与亚洲金融危机等代表性场景分析了危机的作用机制和负面后果。

进一步分析过程中，本章从国家层面深化讨论，开始聚焦世界主要国家政府债务的规模。由于不同国家国内生产总值的货币计价方式存在差异，本章主要选用世界主要国家美元计价的国内生产总值来衡量其经济实力，并在此基础上提出了一般政府收入占国内生产总值的比值、一般政府总支出占国内生产总值的比值、一般政府收入与一般政府总支出之差产生的财政赤字、政府债务总额占国内生产总值的比值、政府债务净额占国内生产总值的比值等指标，比较中国和世界其他主要国家关键指标的年度绝对值和变化趋势，分析不同国家财政政策和政府债务规模的差异。

本章参考文献

［1］ Bocola，L. The Pass-Through of Sovereign Risk ［J］. Journal of Political Economy，2016，124（4）：879-926.

［2］ Croce，M. M.，Nguyen，T. T.，Raymond，S.，Schmid，L. Government Debt and the Returns to Innovation ［J］. Journal of Financial Economics，2019，132（3）：205-225.

［3］ Demirci，I.，Huang，J.，Sialm，C. Government Debt and Corporate Leverage：International Evidence ［J］. Journal of Financial Economics，2019，133（2）：337-356.

［4］ Gennaioli，N.，Martin，A.，Rossi，S. Sovereign Default，Domestic Banks，and Financial Institutions ［J］. Journal of Finance，2014，69（2）：819-866.

［5］ 陈雨露，马勇．大金融论纲［M］．北京：中国人民大学出版社，2013.

［6］ 瑞·达利欧．债务危机［M］．北京：中信出版集团，2019.

［7］ 支晓强，邓路，刘欢．金融危机的微观经济影响研究述评［J］．中国人民大学学报，2015（1）：148-154.

第五章

地方财政收支与地方政府债务：

中国证据

第一节　中国地方政府的财政收支

鉴于中国分税制改革后中央财政在整个财政体系中的主导地位，地方财政收入的财权和经济发展的事权不匹配导致了严重的纵向财政失衡问题，中央转移支付作为解决地方财政不足的重要制度在较长时间内维持了中国财政管理体制的稳定性（贾俊雪，2015）。因此，关注地方政府的财政收入，就必须从地方政府财政收入、地方政府财政支出、中央转移支付三个维度进行观察。本节所用地方政府财政收支数据全部来自《中国财政年鉴》[①]。

一、中国地方政府财政收支状况概览

为了展示中国地方政府的整体状况，本节首先以2021年中国地方政府财政收入、财政支出、中央转移支付前10位、后10位的省、自治区、直辖市为例，对中国地方政府的整体财政状况进行描述。

表5-1列示了2021年财政收入、财政支出、中央转移支付前10位省、自治区、直辖市及相应的规模。由表可知，2021年广东省的财政收入和财政支出在全国范围内均处于第1位，这与广东省较强的经济实力相适应。并且财政收入前10位的省和直辖市中，除了北京和安徽以外，其他8个省、直辖市也均位于财政支出最高的前10个省份之中。综合财政收入和财

① 由于数据缺失，本节对地方政府财政收支的讨论并未包括香港特别行政区、澳门特别行政区、台湾地区。

政支出的数据可知，东部地区和中部地区的省、直辖市财政实力相对较强，西部地区除了四川之外，财政收入和财政支出规模均较小。

进一步地，表5-1列示了中央转移支付前10位的省、自治区、直辖市，可以看到，除了四川、河南、河北、安徽曾在财政收入前10位省、自治区、直辖市出现外，剩余6个省、自治区的财政收入均未进入全国前10，说明中央转移支付制度确实在一定程度上实现了地区层面上的财政调剂作用，也说明在中国制度背景下中央财权集中有利于推动经济的均衡发展。以黑龙江省为例，其在2021年的财政收入为1300.51亿元，却收到了3730.71亿元的中央转移支付，是其财政收入规模的286.87%，有力支撑了该省的经济建设。可以说，中国制度背景下的财政管理制度有其内在优越性，未来现代财政管理体制的建设应该以中国特色经济制度为基础，为全面建设社会主义现代化国家提供保障。

表5-1　2021年中国地方政府财政收入、财政支出、中央转移支付前10位的省、自治区、直辖市

（单位：亿元）

省份	财政收入	排位	省份	财政支出	排位	省份	中央转移支付	排位
广东	14105.04	1	广东	18247.01	1	四川	5575.41	1
江苏	10015.16	2	江苏	14585.26	2	河南	5241.35	2
浙江	8262.64	3	山东	11713.16	3	湖南	4059.84	3
上海	7771.80	4	四川	11215.69	4	河北	3934.28	4
山东	7284.46	5	浙江	11014.59	5	云南	3844.23	5
北京	5932.31	6	河南	9784.29	6	湖北	3843.83	6
四川	4773.15	7	河北	8848.21	7	黑龙江	3730.71	7
河南	4353.92	8	上海	8430.86	8	安徽	3592.83	8
河北	4167.62	9	湖南	8325.50	9	新疆	3553.13	9
安徽	3498.19	10	湖北	7933.67	10	广西	3459.54	10

注：各省、自治区和直辖市财政收入、财政支出及中央转移支付的数据不包括大连、宁波、厦门、青岛、深圳五个计划单列市。

数据来源：所有数据均来自《中国财政年鉴》。

进一步地，表5-2列示了2021年中国地方政府财政收入、财政支出、中央转移支付排名后10位的省、自治区、直辖市。由表可知，财政收入在全国排名第22~31位的省、自治区、直辖市中，西藏因为经济发展水平较差，排在最末尾，其他省份包括贵州、广西、新疆、甘肃、宁夏、青海等也属于中国经济欠发达的西部地区。并且，财政收入后6位的省、自治区也均处于财政支出的末尾。但是，当我们关注到中央转移支付时，会发现传统的财政收入前10位的省和直辖市中，浙江、北京、上海所获得中央转移支付却排在后10位中，证实了中央财权集中后在全国范围内分配财政资源的观点。

表5-2 2021年中国地方政府财政收入、财政支出、中央转移支付后10位的省、自治区、直辖市

（单位：亿元）

省份	财政收入	排位	省份	财政支出	排位	省份	中央转移支付	排位
贵州	1969.39	22	黑龙江	5104.81	22	江苏	2111.51	22
广西	1800.15	23	山西	5046.62	23	重庆	2050.31	23
新疆	1618.61	24	重庆	4835.06	24	福建	1592.34	24
黑龙江	1300.51	25	甘肃	4032.56	25	青海	1499.55	25
吉林	1143.98	26	吉林	3696.84	26	浙江	1328.09	26
甘肃	1001.86	27	天津	3152.55	27	北京	1144.54	27
海南	921.16	28	西藏	2027.01	28	宁夏	1018.00	28
宁夏	460.01	29	海南	1971.37	29	海南	1013.21	29
青海	328.76	30	青海	1854.52	30	上海	996.77	30
西藏	215.62	31	宁夏	1427.89	31	天津	702.70	31

注：各省、自治区和直辖市财政收入、财政支出及中央转移支付的数据不包括大连、宁波、厦门、青岛、深圳五个计划单列市。

数据来源：所有数据均来自《中国财政年鉴》。

以上是对中国各个省、自治区和直辖市财政收支状况的概览。总体来看，各个地区的财政收入、财政支出与地区经济实力呈现匹配的状态，而中央转移支付的存在有力地实现了中国发达地区对欠发达地区的财政支持。随着中国经济进入新发展阶段，中国开启全面建设社会主义现代化国家新征程，开始努力完成第二个百年奋斗目标。在这一历史进程中，缩小地区与城乡发展差距，强化政府公共服务在保障民生、促进社会和谐发展等方面的作用应该成为学术界始终关注的焦点问题。

二、分地区地方政府财政收支

因为中国幅员辽阔，党中央和国务院在制定经济政治决策时会依据不同省、自治区、直辖市的地理位置、人文特点、经济联系等宏观特征，将全国划分为若干个区域。本章沿用传统基于自然地理区域划分的方法，认为中国主要存在七大地理分区，分别是华北地区、东北地区、华东地区、华中地区、华南地区、西南地区、西北地区。其中华北地区包括北京市、天津市、河北省、山西省、内蒙古自治区。东北地区包括辽宁省、吉林省、黑龙江省。华东地区包括山东省、江苏省、安徽省、浙江省、福建省、上海市、江西省、台湾省。华中地区包括湖北省、湖南省、河南省。华南地区包括广东省、广西壮族自治区、海南省、香港特别行政区、澳门特别行政区。西南地区包括四川省、云南省、贵州省、西藏自治区、重庆市。西北地区包括宁夏回族自治区、新疆维吾尔自治区、青海省、陕西省、甘肃省。鉴于中国幅员辽阔，基于研究的简洁性，本章的第一节及后续小节中，将统一基于自然地理分区进行讨论①。

（一）华北地区地方政府财政收支

华北地区涵盖北京、天津、河北、山西、内蒙古五个省、自治区、直辖市。尤其是中国的首都北京位于华北地区，京津冀是传统中国经济的重要增长极之一。表 5-3 列示了华北地区 2007—2021 年地方政府财政收入、财政支出、中央转移支付情况。由表可知，北京在该地区具有得天独厚的优势地位，财政收入一直居于首位。河北省作为能源大省，财政收入在 2021 年达到 4167.62 亿元，高于天津、山西和内蒙古三个地区。特别是河北省所获得的中央转移支付在该地区远高于其他四个省、自治区、直辖市，说明中央政府对河北省经济发展的重要支持。同华东、华南、华中地

① 由于数据缺失，因此华南地区的香港特别行政区、澳门特别行政区，华东地区的台湾未展示财政收入、财政支出、中央转移支付的相关数据。

区类似，该地区 2007—2021 年的财政收入、中央转移支付和财政支出也一直呈现上升趋势，与中国经济向好的宏观趋势一致。

表 5-3 华北地区 2007—2021 年地方政府财政收入、财政支出、中央转移支付

（单位：亿元）

Panel A：财政收入					
年份	北京	天津	河北	山西	内蒙古
2007	1492.64	540.44	789.12	597.89	492.36
2008	1837.32	675.62	947.59	748.00	650.68
2009	2026.81	821.99	1067.12	805.83	850.86
2010	2353.93	1068.81	1331.85	969.67	1069.98
2011	3006.28	1455.13	1737.77	1213.43	1356.67
2012	3314.93	1760.02	2084.28	1516.38	1552.75
2013	3661.11	2079.07	2295.62	1701.62	1720.98
2014	4027.16	2390.35	2446.62	1820.64	1843.67
2015	4723.86	2667.11	2649.18	1642.35	1964.48
2016	5081.26	2723.50	2849.87	1557.00	2016.43
2017	5430.79	2310.36	3233.83	1867.00	1703.21
2018	5785.92	2310.36	3233.83	2292.70	1857.65
2019	5817.10	2410.41	3738.99	2347.75	2059.69
2020	5483.89	1923.11	3826.46	2296.57	2051.20
2021	5932.31	2141.06	4167.62	2834.47	2349.95
Panel B：财政支出					
年份	北京	天津	河北	山西	内蒙古
2007	1649.50	674.33	1506.65	1049.92	1082.31
2008	1959.29	867.72	1881.67	1315.02	1454.57
2009	2319.37	1124.28	2347.59	1561.70	1926.84
2010	2717.32	1376.84	2820.24	1931.36	2273.50
2011	3245.23	1796.33	3537.39	2363.85	2989.21
2012	3685.31	2143.21	4079.44	2759.46	3425.99
2013	4173.66	2549.21	4409.58	3030.13	3686.52

续表

Panel B：财政支出					
年份	北京	天津	河北	山西	内蒙古
2014	4524. 67	2884. 70	4677. 30	3085. 28	3879. 98
2015	5737. 70	3232. 35	5632. 19	3422. 97	4252. 96
2016	6406. 77	3699. 43	6049. 53	3428. 86	4512. 71
2017	6824. 53	3282. 54	6639. 18	3756. 42	4529. 93
2018	7471. 43	3282. 54	6639. 18	4283. 91	4831. 46
2019	7408. 19	3555. 71	8309. 04	4710. 76	5100. 91
2020	7116. 18	3151. 35	9022. 79	5110. 87	5270. 16
2021	7205. 12	3152. 55	8848. 21	5046. 62	5239. 57
Panel C：中央转移支付					
年份	北京	天津	河北	山西	内蒙古
2007	248. 94	203. 18	779. 90	516. 10	657. 24
2008	275. 52	232. 45	952. 67	619. 95	785. 15
2009	367. 72	281. 63	1263. 02	815. 33	1023. 20
2010	485. 53	341. 42	1408. 31	927. 08	1155. 40
2011	505. 99	423. 22	1833. 48	1144. 02	1569. 26
2012	568. 41	418. 24	2058. 85	1262. 45	1748. 74
2013	526. 55	425. 20	2117. 78	1252. 50	1780. 06
2014	533. 81	442. 83	2300. 43	1297. 33	1879. 28
2015	526. 74	474. 99	2488. 42	1419. 84	2135. 49
2016	738. 60	536. 14	2705. 09	1620. 80	2376. 21
2017	920. 28	592. 48	2893. 92	1682. 19	2523. 15
2018	1009. 52	603. 75	3199. 75	1804. 31	2627. 37
2019	1131. 61	669. 84	3462. 48	1929. 59	2645. 74
2020	1144. 18	741. 38	4060. 79	2289. 38	2787. 38
2021	1144. 54	702. 70	3934. 28	2258. 44	2895. 84

数据来源：所有数据均来自《中国财政年鉴》。

（二）东北地区地方政府财政收支

东北地区是中国的老工业基地，具有资源优势和工业基础，在新中国成立初期诞生了多个大规模的国有企业。该地区有辽宁、吉林、黑龙江三个省份，其中辽宁省的财政收入、财政支出等均明显高于吉林省和黑龙江省。但是，对比该地区三个省份的财政收入与中央转移支付的额度可知，东北地区的财政支出依然比较依赖于国家的财政扶持，尤其是吉林省和黑龙江省的财政收入长年低于中央转移支付。自从东北老工业基地振兴策略提出以来，国家为东北地区的发展出台了多项针对性的策略，未来东北地区的改革与振兴依然任重而道远。

表 5-4 东北地区 2007—2021 年地方政府财政收入、财政支出、中央转移支付

（单位：亿元）

Panel A：财政收入			
年份	辽宁	吉林	黑龙江
2007	1082.69	320.69	440.47
2008	1356.08	422.80	578.28
2009	1591.22	487.09	641.66
2010	2004.84	602.41	755.58
2011	2643.15	850.10	997.55
2012	3105.38	1041.25	1163.17
2013	3343.81	1156.96	1277.40
2014	3192.78	1203.38	1301.31
2015	2127.39	1229.35	1165.88
2016	2200.49	1263.78	1148.41
2017	2392.77	1210.91	1243.31
2018	2616.08	1240.89	1282.60
2019	2652.40	1116.95	1262.76
2020	2655.75	1085.02	1152.51
2021	2765.59	1143.98	1300.51

续表

Panel B：财政支出			
年份	辽宁	吉林	黑龙江
2007	1764.28	883.76	1187.27
2008	2153.43	1180.12	1542.30
2009	2682.39	1479.21	1877.74
2010	3195.82	1787.25	2253.27
2011	3905.85	2201.74	2794.08
2012	4558.59	2471.20	3171.52
2013	5197.42	2744.81	3369.18
2014	5080.49	2913.25	3434.22
2015	4481.61	3217.10	4020.66
2016	4577.47	3586.09	4227.34
2017	4879.42	3725.72	4641.08
2018	5337.72	3789.59	4676.75
2019	5745.09	3933.42	5011.56
2020	6014.17	4127.17	5449.41
2021	5879.21	3696.84	5104.81
Panel C：中央转移支付			
年份	辽宁	吉林	黑龙江
2007	734.93	617.58	806.79
2008	867.80	756.91	998.68
2009	1098.01	950.83	1238.42
2010	1243.51	1074.11	1418.58
2011	1505.77	1309.54	1864.07
2012	1653.68	1475.50	2042.13
2013	1682.14	1488.20	2138.26
2014	1781.23	1602.35	2249.97
2015	1924.99	1735.76	2495.77
2016	2125.24	1904.98	2813.00
2017	2319.79	2065.43	3006.98

续表

Panel C：中央转移支付			
年份	辽宁	吉林	黑龙江
2018	2464.04	2124.90	3073.54
2019	2588.88	2292.41	3305.69
2020	3035.35	2480.46	3901.83
2021	2975.93	2492.96	3730.71

数据来源：所有数据均来自《中国财政年鉴》。

（三）华东地区地方政府财政收支

表5-5列示了华东地区2007—2021年地方政府的财政收入、财政支出、中央转移支付数据。由表可知，华东地区的上海、江苏、浙江、山东等省和直辖市的财政收入、财政支出在该地区甚至全国均处于较高的地位，相对而言，安徽、福建、江西三个省份的财政收入在该地区比较低，但是依赖于较多的中央转移支付，安徽省和江西省实现了较多的财政支出。

华东地区作为中国经济发达省份集中地区，其经济发展水平、地方政府财政收支水平起着引领作用，通过表5-5我们能够观察到2007—2021年该地区的财政收入、财政支出、中央转移支付均呈现稳步上升趋势，印证了中国经济在近十几年的快速发展。

表5-5 华东地区2007—2021年地方政府财政收入、财政支出、中央转移支付

（单位：亿元）

Panel A：财政收入							
年份	上海	江苏	浙江	安徽	福建	江西	山东
2007	2074.48	2237.73	1649.50	543.70	699.46	389.85	1675.40
2008	2358.75	2731.41	1933.39	724.62	833.40	488.65	1957.05
2009	2540.30	3228.78	2142.51	863.92	932.43	581.30	2198.63
2010	2873.58	4079.86	2608.47	1149.40	1151.49	778.09	2749.38
2011	3429.83	5148.91	3150.80	1463.56	1501.51	1053.43	3455.93

续表

Panel A：财政收入							
年份	上海	江苏	浙江	安徽	福建	江西	山东
2012	3743.71	5860.69	3441.23	1792.72	1776.17	1371.99	4059.43
2013	4109.51	8588.48	3796.92	2075.08	2119.45	1621.24	4559.95
2014	4585.55	7233.14	4122.02	2218.44	2362.21	1881.83	5026.83
2015	5519.50	8028.59	4809.94	2454.30	2544.24	2165.74	5529.33
2016	6406.13	8121.23	5301.98	2672.79	2654.83	2151.47	5860.18
2017	6642.26	8171.53	5804.38	2812.45	2809.03	2247.06	6098.63
2018	7108.15	8630.16	6598.21	3048.67	3007.41	2373.01	6485.40
2019	7165.10	8802.36	7048.58	3182.71	3052.93	2487.39	6526.71
2020	7046.30	9058.99	7248.24	3216.01	3079.04	2507.54	6559.93
2021	7771.80	10015.16	8262.64	3498.19	3383.40	2812.23	7284.46
Panel B：财政支出							
年份	上海	江苏	浙江	安徽	福建	江西	山东
2007	2181.68	2553.72	1806.79	1243.83	910.64	905.06	2261.85
2008	2593.92	3247.49	2208.58	1647.13	1137.72	1210.07	2704.66
2009	2989.65	4017.36	2653.35	2141.92	1411.82	1562.37	3267.67
2010	3302.89	4914.06	3207.88	2587.61	1695.09	1923.26	4145.03
2011	3914.88	6221.72	3842.59	3302.99	2198.18	2534.60	5002.07
2012	4184.02	7027.67	4161.88	3961.01	2607.50	3019.22	5904.52
2013	4528.61	7798.47	4730.47	4349.69	3068.80	3470.30	6688.80
2014	4923.44	8472.45	5159.57	4664.10	3306.70	3882.70	7177.31
2015	6191.56	9687.58	6645.98	5239.01	4001.58	4412.55	8250.01
2016	6918.94	9981.96	6974.25	5522.95	4275.40	4617.40	8755.21
2017	7547.62	10621.03	7530.32	6203.81	4684.15	5111.47	9258.40
2018	8351.54	11657.35	8629.53	6572.15	4832.69	5667.52	10100.96
2019	8179.28	12573.55	10053.03	7392.22	5077.93	6386.80	10739.76
2020	8102.11	13681.55	10082.01	7473.59	5216.10	6674.08	11233.52
2021	8430.86	14585.26	11014.59	7591.05	5204.72	6778.87	11713.16

续表

Panel C：中央转移支付							
年份	上海	江苏	浙江	安徽	福建	江西	山东
2007	392.74	535.84	387.86	717.79	285.86	574.18	680.74
2008	415.02	642.99	455.98	914.70	362.45	752.02	839.89
2009	493.71	879.71	628.24	1189.71	511.46	971.67	1141.60
2010	558.50	992.43	733.75	1403.07	604.95	1122.17	1324.78
2011	614.36	1220.69	905.68	1814.62	818.16	1486.52	1717.91
2012	604.00	1331.27	978.63	2095.17	894.80	1652.15	1943.98
2013	615.29	1332.76	985.18	2154.64	936.79	1722.04	1975.45
2014	624.33	1339.45	994.05	2316.12	979.63	1817.65	2021.16
2015	650.86	1422.50	1088.01	2485.34	1108.37	1953.46	2209.10
2016	689.86	1614.89	1035.91	2610.59	1188.79	2145.89	2428.58
2017	781.62	1753.47	1127.75	2920.98	1283.59	2328.29	2632.55
2018	851.41	1778.14	1185.95	3082.80	1304.15	2460.81	2869.47
2019	900.79	2024.45	1376.64	3377.37	1473.10	2727.46	2953.93
2020	1119.36	2210.23	1389.04	3744.06	1573.64	3033.38	3296.38
2021	996.77	2111.51	1328.09	3592.83	1592.34	2921.24	3217.97

数据来源：所有数据均来自《中国财政年鉴》。

（四）华中地区地方政府财政收支

华中地区位于中国中原腹地，具有得天独厚的交通优势。该地区涵盖河南、湖北、湖南三个省份。该地区各个省份之间的财政收入差别不大，直到 2017 年以后河南省才以微弱的优势领先。但是，河南省所获得中央转移支付却明显高于湖北和湖南，这也导致河南省的财政支出要高于湖北和湖南。值得一提的是，在 2020 年，由于湖北省受新冠疫情的冲击，其财政收入严重下滑，因此湖北省获取的中央转移支付较 2019 年明显上升，但是依然低于河南省。得益于 2007—2021 年中国经济的持续增长，华中地区三个省份的财政收入、中央转移支付、财政支出也保持向上的趋势。

表 5-6 华中地区 2007—2021 年地方政府财政收入、财政支出、中央转移支付

（单位：亿元）

Panel A：财政收入			
年份	河南	湖北	湖南
2007	862.08	590.36	606.55
2008	1008.90	710.85	722.71
2009	1126.06	814.87	847.62
2010	1381.32	1011.23	1081.69
2011	1721.76	1526.91	1517.07
2012	2040.33	1823.05	1782.16
2013	2415.45	2191.22	2030.88
2014	2739.26	2566.90	2262.79
2015	3016.05	3005.53	2515.43
2016	3153.48	3102.06	2697.88
2017	3407.22	3248.32	2757.82
2018	3766.02	3307.08	2860.84
2019	4041.89	3388.57	3007.15
2020	4168.84	2511.54	3008.66
2021	4353.92	3283.32	3250.69
Panel B：财政支出			
年份	河南	湖北	湖南
2007	1870.61	1277.33	1357.03
2008	2281.61	1650.28	1765.22
2009	2905.76	2090.92	2210.44
2010	3416.14	2501.40	2702.48
2011	4248.82	3214.74	3520.76
2012	5006.40	3759.79	4119.00
2013	5582.31	4371.65	4690.89
2014	6028.69	4934.15	5017.38
2015	6799.35	6132.84	5728.72
2016	7453.74	6422.98	6339.16

续表

Panel B：财政支出			
年份	河南	湖北	湖南
2017	8215.52	6801.26	6869.39
2018	9217.73	7258.27	7479.61
2019	10163.93	7970.21	8034.42
2020	10372.67	8442.88	8403.13
2021	9784.29	7933.67	8325.50
Panel C：中央转移支付			
年份	河南	湖北	湖南
2007	1053.33	798.31	851.35
2008	1309.58	1017.85	1084.99
2009	1746.48	1304.20	1373.99
2010	1963.10	1495.81	1609.27
2011	2509.00	1924.20	2068.44
2012	2848.06	2111.61	2387.80
2013	3014.80	2185.26	2540.94
2014	3198.31	2395.51	2644.53
2015	3469.95	2671.12	2930.90
2016	3746.05	2849.23	3134.69
2017	4008.75	2974.73	3290.57
2018	4298.76	3170.76	3493.43
2019	4575.82	3430.00	3693.65
2020	5161.29	4912.08	4186.28
2021	5241.35	3843.83	4059.84

数据来源：所有数据均来自《中国财政年鉴》。

（五）华南地区地方政府财政收支

表 5-7 列示了华南地区的财政收入、财政支出、中央转移支付。由该表可知，广东在该地区一枝独秀，无论是财政收入还是财政支出均明显高

于其他两个省、自治区，甚至在全国也名列前茅。相对而言，广西的财政收入和财政支出居于次席但却拥有最高的中央转移支付规模，证实广西得到了更多来自中央的财政支持。海南的财政实力相对较弱，在该地区的财政收入、财政支出、中央转移支付均名列末尾。

观察该地区 2007—2021 年财政收入、财政支出、中央转移支付的变化可知，广东省的财政收入和财政支出在这一期间保持稳定增长，收入从 2007 年的 2785.80 亿元上升至 2021 年的 14105.04 亿元，增长超过 4 倍。值得一提的是，该地区财政实力最弱的海南省在 2007—2021 年实现了最快的财政收入上涨，从 2007 年的 108.29 亿元上升到了 2021 年的 921.16 亿元，增长了 750.64%。作为中国南部重要的沿海地区，该地区有便利的交通条件和得天独厚的政策优势，在未来应该具有强大的发展潜力。

表 5-7　华南地区 2007—2021 年地方政府财政收入、财政支出、中央转移支付

（单位：亿元）

Panel A：财政收入			
年份	广东	广西	海南
2007	2785.80	418.83	108.29
2008	3310.32	518.42	144.86
2009	3649.81	620.99	178.24
2010	4517.04	771.99	270.99
2011	5514.84	947.72	340.12
2012	6229.18	1166.06	409.44
2013	7081.47	1317.60	481.01
2014	8065.08	1422.28	555.31
2015	9366.78	1515.16	627.70
2016	10390.35	1556.27	637.51
2017	11320.35	1615.13	674.11
2018	12105.26	1681.45	752.67
2019	12654.53	1811.89	814.14
2020	12923.85	1716.94	816.06
2021	14105.04	1800.15	921.16

续表

Panel B：财政支出			
年份	广东	广西	海南
2007	3159.57	985.94	245.20
2008	3778.57	1297.11	357.97
2009	4334.37	1621.82	486.06
2010	5421.54	2007.59	581.34
2011	6712.40	2545.28	778.80
2012	7387.86	2985.23	911.67
2013	8411.00	3208.67	1011.17
2014	9152.64	3479.79	1099.74
2015	12827.80	4065.51	1239.43
2016	13446.09	4441.70	1376.48
2017	15037.48	4908.55	1443.97
2018	15729.26	5310.74	1691.30
2019	17297.85	5850.96	1858.60
2020	17430.79	6179.47	1972.46
2021	18247.01	5806.54	1971.37
Panel C：中央转移支付			
年份	广东	广西	海南
2007	588.07	621.91	143.87
2008	675.79	790.86	215.72
2009	907.97	995.25	271.80
2010	1125.45	1164.82	318.75
2011	1315.23	1594.89	415.48
2012	1416.31	1786.65	444.04
2013	1502.10	1823.40	464.76
2014	1434.62	1945.31	492.35
2015	1590.47	2207.03	537.39
2016	1591.78	2429.45	645.83
2017	1730.99	2640.42	701.59

续表

Panel C：中央转移支付			
年份	广东	广西	海南
2018	1763.17	2860.52	830.54
2019	2003.09	3093.54	905.45
2020	2219.49	3480.95	999.53
2021	2243.49	3459.54	1013.21

数据来源：所有数据均来自《中国财政年鉴》。

（六）西南地区地方政府财政收支

西南地区位于我国西南部，主要包括重庆市、四川省、贵州省、云南省、西藏自治区五个省、自治区、直辖市。在该地区，四川省的经济发展程度遥遥领先，财政收入在2021年超过4700亿元，远远高于其他四个省份；并且四川省所获取的中央转移支付在该地区也最高，在2021年达到5575.41亿元，远超过云南省的3844.23亿元、贵州省的3176.02亿元。相对而言，重庆市、贵州省、云南省的财政收入相差不大，2021年均在2000亿元上下徘徊。但是，西藏自治区的财政收入则明显小于该地区其他省、直辖市，甚至在全国也居于末尾，因此西藏的财政支出大量依赖于中央转移支付。

表5-8 西南地区2007—2021年地方政府财政收入、财政支出、中央转移支付

（单位：亿元）

Panel A：财政收入					
年份	重庆	四川	贵州	云南	西藏
2007	442.70	850.86	285.14	486.71	20.14
2008	577.57	1041.66	347.84	614.05	24.88
2009	655.17	1174.59	416.48	698.25	30.09
2010	952.07	1561.67	533.73	871.19	36.65
2011	1488.33	2044.79	773.08	1111.16	54.76
2012	1703.49	2421.27	1014.05	1338.15	86.58

续表

Panel A：财政收入					
年份	重庆	四川	贵州	云南	西藏
2013	1693.24	2784.10	1206.41	1811.30	95.02
2014	1922.02	3061.07	1366.67	1698.06	124.27
2015	2154.83	3355.44	1503.38	1808.15	137.13
2016	2227.91	3388.85	1561.34	1812.29	155.99
2017	2252.38	3577.99	1613.84	1886.17	185.83
2018	2265.54	3911.01	1726.85	1994.35	230.35
2019	2134.93	4070.83	1767.47	2073.56	221.99
2020	2094.85	4260.89	1786.80	2116.69	220.99
2021	2285.45	4773.15	1969.39	2278.29	215.62
Panel B：财政支出					
年份	重庆	四川	贵州	云南	西藏
2007	768.39	1759.13	795.40	1135.22	275.37
2008	1016.01	2948.83	1053.79	1470.24	380.66
2009	1292.09	3590.72	1372.27	1952.34	470.13
2010	1709.04	4257.98	1631.48	2285.72	551.04
2011	2570.24	4674.92	2249.40	2929.60	758.11
2012	3046.36	5450.99	2755.68	3572.66	905.34
2013	3062.28	6220.91	3082.66	4096.51	1014.31
2014	3304.39	6796.61	3542.80	4437.98	1185.51
2015	3792.00	7497.51	3939.50	4712.83	1381.46
2016	4001.81	8008.89	4262.36	5018.86	1587.97
2017	4336.28	8694.76	4612.52	5712.97	1681.94
2018	4540.95	9707.50	5029.68	6075.03	1970.68
2019	4847.68	10348.17	5948.74	6770.09	2187.75
2020	4893.95	11198.54	5739.50	6974.02	2210.92
2021	4835.06	11215.69	5590.01	6634.36	2027.01

续表

Panel C：中央转移支付					
年份	重庆	四川	贵州	云南	西藏
2007	411.08	1042.82	565.42	689.53	286.99
2008	514.31	1953.15	726.38	848.69	357.86
2009	669.44	2470.20	920.82	1147.61	470.95
2010	819.71	2600.06	1057.34	1289.82	531.00
2011	1138.07	2664.51	1528.99	1733.20	714.70
2012	1276.70	2923.88	1681.87	2054.36	804.34
2013	1198.41	3305.42	1840.80	2162.21	902.49
2014	1251.50	3511.79	2142.83	2472.62	1034.87
2015	1351.02	3779.60	2347.19	2534.84	1331.17
2016	1535.53	4040.71	2581.79	2693.09	1369.25
2017	1720.20	4343.81	2748.80	3012.93	1510.76
2018	1808.65	4816.21	2968.17	3239.39	1704.79
2019	1887.67	5157.67	3036.91	3813.44	1963.80
2020	2155.96	5832.20	3259.01	4245.16	1975.26
2021	2050.31	5575.41	3176.02	3844.23	2150.14

数据来源：所有数据均来自《中国财政年鉴》。

（七）西北地区地方政府财政收支

表5-9列示了西北地区2007—2021年地方政府财政收入、财政支出、中央转移支付规模。应该说，西北地区整体的财政收入、财政支出在全国范围内处于较低水平，2021年陕西省、甘肃省和新疆维吾尔自治区的财政收入超过千亿元，分别为2775.42亿元、1001.86亿元和1618.61亿元，其他两个省、自治区的财政收入在2021年均低于1000亿元。由于该地区政府获取财政收入的能力有限，因此该地区的中央转移支付规模巨大，所有省、自治区的中央转移支付规模均超过了地方政府的财政收入规模。中央转移支付作为中央调节财政余缺、平衡经济发展的重要手段，在该地区明显发挥了重要作用。

2007—2021 年，除了陕西省、甘肃省和新疆维吾尔自治区实现了财政收入的快速上涨外，青海省和宁夏回族自治区的财政收入绝对值依然较低，尚难满足自身的财政支出需求。

表 5-9 西北地区 2007—2021 年地方政府财政收入、财政支出、中央转移支付

（单位：亿元）

Panel A：财政收入					
年份	陕西	甘肃	青海	宁夏	新疆
2007	475.24	190.91	56.71	80.03	285.86
2008	591.48	264.97	71.57	95.01	361.06
2009	735.27	286.59	87.74	111.58	388.78
2010	958.21	353.58	110.22	153.55	500.58
2011	1500.18	450.12	151.81	219.98	720.43
2012	1600.69	520.40	186.42	263.96	908.97
2013	1748.33	607.27	223.86	308.34	1128.49
2014	1890.40	672.67	251.68	339.86	1282.34
2015	2059.95	743.86	267.13	373.45	1330.85
2016	1833.99	786.97	238.51	387.66	1298.95
2017	2006.69	815.73	246.20	417.59	1466.52
2018	2243.14	871.05	272.89	436.52	1531.42
2019	2287.90	850.49	282.25	423.58	1577.63
2020	2257.31	874.55	297.99	419.44	1477.22
2021	2775.42	1001.86	328.76	460.01	1618.61
Panel B：财政支出					
年份	陕西	甘肃	青海	宁夏	新疆
2007	1053.97	675.34	282.20	241.85	795.15
2008	1428.52	968.43	363.60	324.61	1059.36
2009	1841.64	1246.28	486.75	432.36	1346.91
2010	2218.83	1468.58	743.40	557.53	1098.91
2011	2930.81	1791.24	967.47	705.91	2284.49
2012	3323.80	2059.56	1159.05	864.36	2720.07

续表

Panel B：财政支出					
年份	陕西	甘肃	青海	宁夏	新疆
2013	3665.07	2309.62	1228.05	922.48	3067.12
2014	3962.50	2541.49	1347.43	1000.45	3317.79
2015	4376.06	2958.31	1515.16	1138.49	3804.87
2016	4389.37	3150.03	1524.80	1254.54	4138.25
2017	4833.19	3304.44	1530.44	1372.78	4637.24
2018	5302.44	3772.23	1647.43	1419.06	5012.45
2019	5718.52	3951.60	1863.67	1438.29	5315.49
2020	5930.32	4163.40	1932.84	1480.36	5533.16
2021	6069.22	4032.56	1854.52	1427.89	5376.91
Panel C：中央转移支付					
年份	陕西	甘肃	青海	宁夏	新疆
2007	634.80	512.30	235.13	199.01	551.54
2008	820.84	741.30	311.74	243.70	685.55
2009	1028.24	884.50	401.23	320.71	927.74
2010	1138.99	1032.10	595.68	360.41	1125.42
2011	1594.89	1300.68	812.57	472.99	1502.13
2012	1677.06	1504.91	839.65	539.14	1719.78
2013	1719.62	1645.45	859.40	556.59	1852.11
2014	1891.63	1808.19	930.19	620.54	2007.01
2015	2100.37	1957.03	967.90	690.54	2368.71
2016	2119.48	2048.35	1080.56	743.23	2515.35
2017	2256.96	2178.93	1117.21	817.99	2612.94
2018	2475.70	2502.94	1231.12	861.50	3022.01
2019	2620.30	2680.68	1333.04	890.17	3326.89
2020	2963.50	3025.32	1446.83	991.72	3621.32
2021	2903.59	2979.47	1499.55	1018.00	3553.13

数据来源：所有数据均来自《中国财政年鉴》。

第二节 地方政府债券的发行特征

自 1994 年分税制改革后，中国的地方政府债务开始产生，并在 1997 年亚洲金融危机和 2008 年全球金融危机期间急速扩张。从财政收支和各个国家的实践来看，适度举债有利于促进国民经济增长，也可以在短期内完成大型项目的建设任务，打通经济发展的瓶颈。在经济持续增长的假设条件下，政府债务能够被增长的国民财富所覆盖。

可以说，1997 年亚洲金融危机期间，中国扩张性的财政政策不仅稳固了经济发展趋势，而且伴随 2001 年中国加入世界贸易组织（WTO），经济腾飞所带来的增量财富很好地覆盖了经济运行过程中潜藏的风险。但是，2008 年全球金融危机期间，中国“四万亿”投资计划及地方政府所发布的配套投资计划虽然在短期支撑了经济的快速复苏，但是由于债务积累快速扩张，银行信贷支撑的地方政府债务成为引发系统性金融风险的重要因子，自 2013 年开始，地方政府债务的潜在违约风险开始受到中央层面的格外重视，各项制度性改革应运而生（吴健梅和竹志奇，2018；梁琪和郝毅，2019）。

由于地方政府债务的隐性特征，采用固定资产恒等式和预算约束恒等式两种方法只能对其规模进行估算，导致实际的地方政府债务规模可能与匡算数值存在差异（吕健，2015）。自 2015 年以后，新修改的《中华人民共和国预算法》放松了对地方政府发行债券融资的长期约束，并对融资平台公司所发行的城投债与地方政府进行剥离，有力地提升了地方政府债务规模衡量的科学性。因此，本节主要讨论了地方政府债券的发行特征，希望初步整理出中国地方政府债务的现实状况①。

---

① 由于数据缺失，本节对地方政府债券发行特征的讨论并未包括香港特别行政区、澳门特别行政区、台湾地区。

一、中国地方政府债券发行状况概览

地方政府发行债券的相关信息在中国债券信息网的“地方政府债券专栏”发布，涵盖债券全称、发行人名称、发行日期、债券代码、发行期限、实际发行量、票面利率（%）、债券信用评级等内容。鉴于数据的重要性和可得性，本部分整理了2021年各省、自治区、直辖市地方政府债券发行规模的相关数据，期望能够整体观察中国地方政府债券发行的总体情况。

表5-10展示了2021年各省、自治区、直辖市地方政府债券的发行规模。由表可知，2021年广东省的地方政府债券发行规模达到6687.96亿元，在全国范围内位居前列。山东、浙江、江苏等经济发达省份的地方政府债券发行规模也位居前列。与之形成鲜明对比的是，2021年青海、宁夏、西藏等西部地区省、自治区的地方政府债券发行规模相对较小，在全国各省、自治区、直辖市中处于末尾。

整体来看，中国地方政府债券的发行规模与地区经济实力相匹配，这也与《关于对地方政府债务实行限额管理的实施意见》（财预〔2015〕225号）的政策相一致。

表5-10 2021年各省、自治区、直辖市地方政府债券发行规模

（单位：亿元）

省份	规模	排位	省份	规模	排位
广东	6687.96	1	贵州	2275.78	17
山东	5631.47	2	天津	2255.82	18
浙江	4235.78	3	陕西	2196.60	19
江苏	3701.85	4	新疆	1930.85	20
四川	3695.02	5	广西	1622.44	21
河南	3413.36	6	内蒙古	1565.24	22
北京	3293.52	7	吉林	1393.98	23
河北	3288.60	8	黑龙江	1386.96	24
湖北	3010.05	9	甘肃	1255.83	25

续表

省份	规模	排位	省份	规模	排位
湖南	2996.46	10	上海	1211.10	26
安徽	2814.98	11	山西	1145.51	27
福建	2648.25	12	海南	695.56	28
重庆	2517.63	13	青海	503.86	29
辽宁	2457.16	14	宁夏	259.42	30
江西	2290.74	15	西藏	162.31	31
云南	2282.26	16			

数据来源：所有数据均根据中国债券信息网“地方政府债券专栏”整理。

二、分地区地方政府债券发行特征

为了更深入地了解地方政府债券的发行特征，本部分以2015—2021年的地方政府债券数据为基础，进一步分地区计算了地方政府债券发行的规模（年度总额）、地方政府债券发行的期限（年平均值）、地方政府债券发行的票面利率（年平均值）等，并分地区汇报了每个省、自治区、直辖市上述三个指标的均值、标准差、最小值、中位数、最大值等。

（一）华北地区地方政府债券发行特征

表5-11列示了华北地区2015—2021年地方政府债券的发行特征。从表中数据可知，2015—2021年，华北地区五省、自治区、直辖市中，河北省地方政府债券的平均发行规模最高，达到2271.50亿元；内蒙古自治区债券发行利率最高，为3.55%；从债券发行期限来看，天津市、河北省、山西省、内蒙古自治区的均值都在8年以上，北京市的均值明显较低，为6.65年。整体来看，华北地区债券发行特征比较符合预期，债券规模、利率均与地区发展需求、地区经济发展状况密切相关。

表 5-11 2015—2021 年华北地区地方政府债券发行特征

		样本数	均值	标准差	最小值	中位数	最大值
北京市	发行规模	7	1490.08	855.17	644.86	1178.00	3293.52
	发行期限	7	6.65	1.39	5.06	6.33	9.43
	发行利率	7	3.32	0.29	2.99	3.26	3.74
天津市	发行规模	7	1330.33	599.35	565.00	1189.70	2255.82
	发行期限	7	8.08	3.34	5.26	6.58	14.48
	发行利率	7	3.47	0.35	3.02	3.39	4.00
河北省	发行规模	7	2271.50	691.61	1420.00	2220.44	3288.60
	发行期限	7	8.38	3.16	5.67	6.92	13.02
	发行利率	7	3.45	0.35	2.90	3.41	3.96
山西省	发行规模	7	881.59	287.42	609.90	780.62	1408.62
	发行期限	7	8.42	2.99	6.17	6.68	13.21
	发行利率	7	3.41	0.35	2.76	3.37	3.80
内蒙古自治区	发行规模	7	1582.74	468.27	1144.29	1476.50	2502.28
	发行期限	7	8.36	2.37	6.14	7.03	10.98
	发行利率	7	3.55	0.43	3.06	3.46	4.28

数据来源：所有数据均根据中国债券信息网“地方政府债券专栏”整理。

（二）东北地区地方政府债券发行特征

东北地区涵盖辽宁省、吉林省、黑龙江省三个省份，整体来看该地区地方政府债券的发行期限、发行利率均呈现明显的一致性，三省的债券发行期限分别是 9.78 年、10.31 年、9.55 年；发行利率分别是 3.57%、3.56%、3.55%。但是，从债券发行规模来看，辽宁省的地方政府债券发行规模均值达到了 2003.65 亿元，远高于吉林省和黑龙江省。

表 5-12 2015—2021 年东北地区地方政府债券发行特征

		样本数	均值	标准差	最小值	中位数	最大值
辽宁省	发行规模	7	2003.65	550.54	1234.93	1879.52	2817.11
	发行期限	7	9.78	4.68	5.83	6.29	15.96
	发行利率	7	3.57	0.34	2.97	3.51	4.01

续表

		样本数	均值	标准差	最小值	中位数	最大值
吉林省	发行规模	7	1022.48	283.46	762.33	910.18	1393.98
	发行期限	7	10.31	5.49	5.95	7.05	18.27
	发行利率	7	3.56	0.35	2.97	3.50	4.00
黑龙江省	发行规模	7	1106.25	226.59	792.00	1104.84	1386.96
	发行期限	7	9.55	4.56	5.62	6.36	16.41
	发行利率	7	3.55	0.35	2.98	3.49	4.01

数据来源：所有数据均根据中国债券信息网“地方政府债券专栏”整理。

（三）华东地区地方政府债券发行特征

表5-13列示了华东地区2015—2021年地方政府债券发行特征。由表可知，江苏省、浙江省、山东省的地方政府债券发行规模明显高于该地区其他省、直辖市，甚至放眼全国也遥遥领先。这一结果说明了地方政府债券的发行和地区经济发展状况息息相关，也符合国务院和财政部的基本要求。该地区其他省、直辖市的地方政府债券发行规模也在1000亿~2000亿元，与该地区在中国整体经济版图中的重要地位相匹配。

表5-13　2015—2021年华东地区地方政府债券发行特征

		样本数	均值	标准差	最小值	中位数	最大值
上海市	发行规模	7	1304.91	524.96	705.90	1212.00	2200.00
	发行期限	7	7.14	1.94	5.00	6.38	9.89
	发行利率	7	3.33	0.34	2.83	3.30	3.80
江苏省	发行规模	7	3428.78	714.34	2681.90	3194.00	4511.75
	发行期限	7	7.68	2.76	5.58	6.32	12.09
	发行利率	7	3.42	0.34	2.85	3.33	3.88
浙江省	发行规模	7	2969.83	935.98	1991.37	2796.60	4235.78
	发行期限	7	8.67	3.04	6.25	7.07	13.92
	发行利率	7	3.41	0.32	2.87	3.38	3.80
安徽省	发行规模	7	1923.33	550.23	1294.10	1687.30	2814.98
	发行期限	7	8.47	3.79	5.43	6.18	15.41
	发行利率	7	3.51	0.41	2.86	3.47	4.02

续表

		样本数	均值	标准差	最小值	中位数	最大值
福建省	发行规模	7	1684. 10	591. 92	994. 01	1539. 49	2648. 25
	发行期限	7	9. 34	3. 36	6. 67	7. 50	14. 16
	发行利率	7	3. 52	0. 37	2. 96	3. 45	4. 08
江西省	发行规模	7	1440. 06	585. 17	978. 00	1171. 66	2290. 74
	发行期限	7	8. 34	3. 02	5. 90	6. 25	12. 64
	发行利率	7	3. 46	0. 39	2. 87	3. 36	3. 99
山东省	发行规模	7	3477. 19	1316. 79	2221. 00	2693. 02	5631. 47
	发行期限	7	8. 74	3. 89	5. 30	6. 44	14. 96
	发行利率	7	3. 50	0. 33	2. 93	3. 47	3. 96

数据来源：所有数据均根据中国债券信息网“地方政府债券专栏”整理。

（四）华中地区地方政府债券发行特征

表 5-14 关注华中地区地方政府债券的发行特征，该地区包含河南省、湖北省、湖南省三个省份。由表可知，湖南省在该地区的地方政府债券发行规模最高，达到了 2421. 17 亿元，同时债券发行期限、发行利率也最高达到了 9. 57 年和 3. 54%。这些数据说明，湖南省在 2015 年之后运用地方政府债券弥补财政资金需求的动机较为强烈。

表 5-14　2015—2021 年华中地区地方政府债券发行特征

		样本数	均值	标准差	最小值	中位数	最大值
河南省	发行规模	7	2084. 26	742. 46	1325. 87	1903. 90	3413. 36
	发行期限	7	8. 25	3. 32	5. 18	6. 24	12. 94
	发行利率	7	3. 45	0. 35	2. 89	3. 38	3. 94
湖北省	发行规模	7	2085. 45	762. 20	1223. 00	1987. 13	3010. 05
	发行期限	7	8. 82	3. 53	5. 82	7. 00	14. 98
	发行利率	7	3. 50	0. 38	2. 95	3. 40	4. 04
湖南省	发行规模	7	2421. 17	701. 09	1395. 00	2550. 20	3488. 00
	发行期限	7	9. 57	4. 61	5. 23	6. 38	15. 51
	发行利率	7	3. 54	0. 43	2. 78	3. 57	4. 14

数据来源：所有数据均根据中国债券信息网“地方政府债券专栏”整理。

（五）华南地区地方政府债券发行特征

以华南地区的广东省、广西壮族自治区、海南省三个省、自治区为例，相对而言，广东省在该地区的经济实力最为强大，其地方政府债券发行规模最大值达到6687.96亿元，居全国最高位。但是，广东省的债券发行期限仅有9.01年，低于广西壮族自治区的10.86年。

表5-15 2015—2021年华南地区地方政府债券发行特征

		样本数	均值	标准差	最小值	中位数	最大值
广东省	发行规模	7	3238.07	1760.94	1588.00	2533.69	6687.96
	发行期限	7	9.01	3.61	5.88	6.71	14.20
	发行利率	7	3.49	0.30	3.03	3.43	3.94
广西壮族自治区	发行规模	7	1425.30	342.38	922.00	1439.57	1840.08
	发行期限	7	10.86	5.91	6.00	6.44	18.90
	发行利率	7	3.56	0.37	2.87	3.54	3.97
海南省	发行规模	7	505.95	146.51	223.00	536.17	695.56
	发行期限	7	7.46	1.85	5.78	6.61	11.13
	发行利率	7	3.49	0.45	2.95	3.41	4.21

数据来源：所有数据均根据中国债券信息网“地方政府债券专栏”整理。

（六）西南地区地方政府债券发行特征

表5-16展示了西南地区2015—2021年地方政府债券发行特征。整体来看，该地区债券发行的规模比较平均，四川省达到了2734.37亿元，贵州省、云南省也在2000亿元上下波动。需要指出的是，西藏自治区在2015年没有发行地方政府债券，因此其样本数量为6，统计的是2016—2021年的数据。

表5-16 2015—2021年西南地区地方政府债券发行特征

		样本数	均值	标准差	最小值	中位数	最大值
重庆市	发行规模	7	1455.09	555.96	824.00	1309.98	2517.63
	发行期限	7	10.26	5.20	6.07	6.43	18.21
	发行利率	7	3.46	0.32	2.93	3.41	3.94

续表

		样本数	均值	标准差	最小值	中位数	最大值
四川省	发行规模	7	2734. 37	713. 86	1790. 00	2808. 94	3695. 02
	发行期限	7	8. 78	3. 31	6. 03	6. 75	13. 78
	发行利率	7	3. 54	0. 39	2. 93	3. 42	4. 06
贵州省	发行规模	7	2189. 79	413. 40	1346. 33	2275. 78	2589. 68
	发行期限	7	10. 90	5. 78	6. 19	6. 33	18. 06
	发行利率	7	3. 56	0. 38	2. 88	3. 51	4. 01
云南省	发行规模	7	1884. 88	345. 99	1488. 46	1929. 90	2293. 25
	发行期限	7	7. 18	1. 70	5. 88	6. 31	9. 73
	发行利率	7	3. 44	0. 38	2. 95	3. 32	3. 97
西藏自治区	发行规模	6	92. 85	58. 33	15. 76	92. 03	162. 31
	发行期限	6	8. 27	4. 12	4. 83	6. 13	14. 14
	发行利率	6	3. 38	0. 41	2. 66	3. 43	3. 78

数据来源：所有数据均根据中国债券信息网“地方政府债券专栏”整理。

（七）西北地区地方政府债券发行特征

该地区涵盖陕西省、甘肃省、青海省、宁夏回族自治区、新疆维吾尔自治区五个省、自治区。相对而言，该地区经济发展水平较中东部地区存在巨大差距，因此，甘肃省、青海省、宁夏回族自治区的地方政府债券发行规模平均值均未超过 1000 亿元，分别是 785. 24 亿元、459. 44 亿元、332. 79 亿元。陕西省和新疆维吾尔自治区的地方政府债券发行规模达到 1575. 41 亿元和 1252. 31 亿元，属于该地区发行地方政府债券较多的省和自治区。

表 5-17　2015—2021 年西南地区地方政府债券发行特征

		样本数	均值	标准差	最小值	中位数	最大值
陕西省	发行规模	7	1575. 41	381. 63	1260. 00	1403. 50	2196. 60
	发行期限	7	8. 73	3. 51	6. 03	6. 25	14. 10
	发行利率	7	3. 52	0. 38	2. 91	3. 47	4. 05

续表

		样本数	均值	标准差	最小值	中位数	最大值
甘肃省	发行规模	7	785.24	292.48	482.70	666.65	1255.83
	发行期限	7	9.81	4.65	5.78	6.43	16.07
	发行利率	7	3.52	0.36	2.90	3.45	3.95
青海省	发行规模	7	459.44	61.01	328.00	469.00	511.59
	发行期限	7	8.55	3.57	5.83	6.79	15.48
	发行利率	7	3.48	0.36	2.97	3.43	3.97
宁夏回族自治区	发行规模	7	332.79	51.73	259.42	318.21	405.79
	发行期限	7	8.86	4.81	6.44	6.64	19.50
	发行利率	7	3.51	0.38	3.02	3.44	4.09
新疆维吾尔自治区	发行规模	7	1252.31	413.91	693.00	1079.37	1930.85
	发行期限	7	9.72	4.42	5.92	7.32	17.04
	发行利率	7	3.51	0.37	2.82	3.56	3.92

数据来源：所有数据均根据中国债券信息网“地方政府债券专栏”整理。

第三节 本章小结

本章开始聚焦中国制度背景，从地方政府的财政收支拓展到地方政府债券的发行特征的讨论。从地方政府的财政收支视角看，财政收入、财政支出以及为解决地方财政收入不足而存在的中央转移支付是本章需要关注的焦点问题。财政收入和财政支出体现了一个地方的经济实力，广东省在这两项指标中均一马当先，并且东部地区和中部地区省份的财政实力较强，西部地区除了四川省外，大部分区域的财政收入和财政支出规模均较小。而中央转移支付作为地区层面上的财政调剂也确实在发挥作用，财政收入较少的西部省份能够获取较多的中央转移支付支持经济发展。

进一步地，本章以2015年新修订的《中华人民共和国预算法》为基础，讨论了中国各省、自治区、直辖市地方政府债券的发行特征，初步梳理出了中国地方政府债务的现实状况。

本章参考文献

[1] 贾俊雪. 中国财政分权、地方政府行为与经济增长 [M]. 北京：中国人民大学出版社，2015.

[2] 梁琪，郝毅. 地方政府债务置换与宏观经济风险缓释研究 [J]. 经济研究，2019 (4)：18-32.

[3] 吕健. 地方债务对经济增长的影响分析——基于流动性的视角 [J]. 中国工业经济，2015 (11)：16-31.

[4] 吴健梅，竹志奇. 中国债务风险的内生因素分析 [J]. 财政研究，2018 (2)：37-51.

第六章

地方政府债务与企业创新

第一节 引言

中国的财政体制经历了中央集权型的统收统支、行政性分权型的财政包干、经济性分权型的分税制的历史变迁，但是财政分权视角下地方政府财政政策的有效性尚存在争议（Baskaran，2010；张晖和金利娟，2019）。2008 年金融危机爆发后，各地方政府在中央大规模经济刺激计划的基础上扩大了本地区的投资规模，虽然起到了维持经济增长的作用，但是扩张性财政政策引致的地方政府债务问题却成为困扰中国经济健康发展的重要因素。

已有研究证实，地方政府债务一方面可以通过基础设施建设、推动官员政绩竞赛等渠道支持经济增长（范建勇和莫家伟，2014；吕健，2015）；另一方面也会通过税收、利率等渠道挤出私人投资，抑制经济发展（毛捷和黄春元，2018）。自 2013 年以来，中国的地方政府债务风险引起了党和政府的广泛关注（毛锐等，2018；吴健梅和竹志奇，2018；余应敏等，2018），“建立地方政府债务风险管理和预警机制”是党的十八届三中全会的重要内容。随后，党中央、全国人大常委会、国务院等分别出台了《深化财税体制改革总体方案》、新修改的《中华人民共和国预算法》、《关于加强地方政府性债务管理的意见》等法律和政策性文件，提出了规范地方政府债务管理的总体要求和具体管理机制。基于前述研究可知，现有关于地方政府债务宏观经济影响的讨论已经比较丰富，但是地方政府债务对微观企业行为影响的研究尚未得到重视。因此，探索地方政府债务影响企业微观行为的逻辑框架将成为未来学术研究的重要着眼点之一，具有很强的理论和实践意义。

进入 21 世纪以来，全球竞争加剧，“中等收入陷阱”“明斯基时刻”等教训如芒在背，推动中国经济跨越资源、劳动密集型阶段，走向技术密集型阶段的现实需求愈加紧迫。创新作为一个国家保持长期经济增长和竞争优势的核心推动力获得广泛重视，融资约束（Ayyagari et al.，2012；王刚刚等，2017；张嘉望等，2019）、风险承担（Tian and Wang，2011；Chemmanur et al.，2014）等因素对企业创新的影响得到证实。地方政府债务主要以金融机构的信贷扩张为支撑（伏润民等，2017；梁琪和郝毅，2019），对企业的债务融资能力具有一定的挤出效应（Krishnamurthy and Vissing-Jorgensen，2012），可能冲击企业融资约束状况。进一步地，地方政府债务引发的风险与金融部门风险存在双螺旋结构，二者的相互传导会突破地理界限，并向实体经济部门传导，损害企业外部经营稳定性，弱化企业的风险承担能力（熊琛和金昊，2018；沈丽等，2019）。基于上述分析，本章预期扩张的地方政府债务规模会对企业创新产生负向影响。

本章的研究贡献主要体现在以下三个方面：第一，丰富了地方政府债务微观经济后果的讨论。以往对于地方政府债务的讨论更多关注其对地区经济发展的影响（范剑勇和莫家伟，2014；吕健，2015；毛捷和黄春元，2018；韩健和程宇丹，2019），却较少从微观企业行为的角度展开讨论。本章讨论了地方政府债务与企业创新之间的关系，有利于丰富地方政府债务微观经济后果的讨论，能够帮助政府、学术界更加全面、准确地评价地方政府债务的经济后果。第二，探索了地方政府债务规模的估算方法。由于地方政府不直接公开披露地方债务数据，现有地方政府债务研究主要采用城投债、国债数据进行计算，却忽视了政府隐性债务这一重要组成部分。本章依据张忆东和李彦霖（2013）、吕健（2015）提出的固定资产投资恒等式，匡算了地方政府债务规模，为后续实证研究的开展提供了有益参考。第三，厘清了地方政府债务影响微观企业行为的具体机制。宏观经济与微观企业行为研究的难点在于厘清宏观经济政策向微观企业传导的作用机制。本章认为地方政府债务扩张会导致微观企业面临融资约束、外部经营风险上升等问题，并探索了治理地方政府债务的可行路径，能够为后续研究提供经验借鉴。

本章接下来的结构安排如下：第二节，理论分析与研究假设；第三节，研究设计；第四节，实证回归结果；第五节，进一步研究；第六节，稳健性检验；第七节，本章小结。

第二节 理论分析与研究假设

中国的地方政府债务问题根源于2008年金融危机期间的大规模经济刺激计划。出于扩大内需、稳定经济增长的目的，中央政府于2008年11月开始实施扩张性的财政政策，推出了高达“四万亿”的投资计划，各地方政府也在中央“四万亿”投资的基础上扩大本地区的投资规模。值得注意的是，中国应对金融危机的财政刺激政策主要以信贷支撑为基础，虽然起到了维持经济稳定增长的作用，但是其对企业融资约束和风险承担能力的影响不可忽视。

从融资约束的视角看，中国地方政府债务的主要来源为金融机构信贷资金（伏润民等，2017；梁琪和郝毅，2019）。Liang等（2017）发现中国地方政府债务的扩张导致信贷市场分配效率变低，非国有企业更难从金融机构获取贷款。范小云等（2017）认为政府融资通过价格竞争和资金竞争两个渠道对微观企业的债务融资成本产生影响，政府债务会增加微观企业的债务融资成本。毛锐等（2018）构建包含金融摩擦、预算软约束、政府投资等要素的DSGE模型，同样支持了地方政府融资支出会紧缩金融信贷的观点。

从风险承担的视角看，地方政府债务期限大于领导任期客观上导致了地方政府债务的权责分离问题。如果地方政府债务的增长超过了社会利益范畴，非社会理性下的债务扩张便会产生债务风险问题（缪小林和伏润民，2015）。2013年以来，地方政府债务的风险迅速攀升，“守住不发生系统性金融风险的底线”成为党和政府关注焦点。熊琛和金昊（2018）提出了地方政府债务风险与金融部门风险传导的双螺旋结构，两个部门的风险相互转化、相互依存，最终会向实体经济部门传导。沈丽等（2019）发现地方政府债务存在空间溢出性，即地方政府债务风险能够突破地域限制，对整个宏观经济体制产生冲击。地方政府债务风险的集中释放，最终会损害企业外部经营环境的稳定性，弱化企业风险承担能力（马文涛和马草原，2018）。

创新是促进经济增长的内在动力（Solow，1957），但是培育有利于创新的内外部环境却是一项十分艰巨的任务。融资约束对于企业创新具有重要意义（Schumpeter，1911；Holmstrom，1989）。Amore（2013）借由美国各州在1980—1990年实施的放松银行监管政策进行检验，发现当银行部门能够通过多元化信贷风险放松对企业的借贷限制时，企业的创新活动增加。康志勇（2013）提出融资约束对中国本土企业的研发活动存在制约，政府对研发投资的激励有利于缓解融资约束、提升企业的创新热情（张嘉望等，2019）。另外，与传统投资项目不同的是，创新投资项目具有较高的失败风险，要求管理层、股东等能够具有较强的风险承担能力。Tian和Wang（2011）以有风险投资的IPO上市公司为样本，讨论了风险的容忍程度对于企业创新的影响，发现拥有更大失败容忍度投资者的上市公司，创新绩效更好。随后，Chemmanur等（2014）发现创业投资（CVC）与独立风险投资（IVC）在培育企业创新上存在明显差别，CVC对所投资行业拥有丰富的知识和较高风险的容忍度，有利于提升企业创新活动。Sunder等（2017）关注了经理人的个人特征对创新活动的影响，认为拥有飞行驾照的经理人更偏好风险，也对公司的创新具有正面影响。

基于上述分析，我们认为地方政府债务对企业创新的影响主要体现在以下两个方面：其一，地方政府债务规模扩张导致的融资约束问题，将制约微观企业的创新能力，导致其创新活动减少；其二，地方政府债务非理性扩张所引发的风险给上市公司的正常经营带来极大不确定性，导致企业的风险承担能力弱化，创新活动更加谨慎。基于上述分析，本章提出假设1：

H1：扩张的地方政府债务规模会对企业创新产生负向影响。

第三节 研究设计

一、样本选择和数据来源

本章以 2007—2016 年沪深两市全部 A 股上市公司作为初始研究样本。在初始样本的基础上，按照如下原则对数据进行了筛选：①剔除金融行业上市公司样本；②剔除 ST 上市公司样本；③剔除相关变量存在缺失值的上市公司样本。为了消除极端值的影响，本章对所有连续变量按 1%和 99%水平进行了缩尾处理，最终得到 18476 个企业—年度观测值。本章地方政府债务计算涉及数据来源于《中国统计年鉴》《中国国土资源统计年鉴》，国内生产总值（Gross Domestic Product，GDP）等宏观经济控制变量数据来源于中经网统计数据库，其他数据均来源于 CSMAR 数据库。

二、变量定义

（一）地方政府债务

借鉴张忆东和李彦霖（2013）、吕健（2015）估算地方政府债务规模的方法，根据地方政府债务的固定资产恒等式，地方政府在市政领域的固定资产投资金额与地方政府自有可用投资金额的差额，即是地方政府需要通过负债来弥补的资金缺口。具体计算如公式（6-1）所示：

地方政府新增债务规模

=地方政府市政领域固定资产投资总额（UI）-

地方政府自有可用资金（PR）

=地方政府市政领域固定资产投资总额（UI）-

公共财政预算内的投资资金（BG）-

公共财政预算外土地出让收益中用于投资的资金（LA）-

地方政府在市政领域投资项目的盈利现金流入（CA）

（6-1）

公式（6-1）中各项指标具体含义为：第一，地方政府市政领域固定资产投资总额（*UI*）。根据国家统计局的分类标准，以下 7 个行业属于市政领域投资范围：电力、燃气及水的生产和供应业；交通运输、仓储和邮政业；水利、环境和公共设施管理业；科学研究、技术服务和地质勘探业；教育；卫生、社会保障和社会福利业；公共管理和社会组织。由于以上行业的固定资产投资主要由地方政府承担，因此，本章将各地区当期上述 7 个领域的固定资产投资之和作为各地区当期地方政府市政领域固定资产投资总额。第二，公共财政预算内的投资资金（*BG*）。本章以各地区当期全社会固定资产投资中国家预算内资金投资于上述 7 个领域的金额，作为各地区当期公共财政预算内的投资资金。第三，公共财政预算外土地出让收益中用于投资的资金（*LA*）。大部分地方政府预算内收入主要用于经常性项目开支，仅有大约 10%用于资本性项目开支（张忆东和李彦霖，2013）。各地区当期土地出让收益扣除相关必要开支后的土地出让纯收益是地方政府基础建设重要的资金来源，因而本章以土地出让纯收益衡量公共财政预算外土地出让收益中用于投资的资金。第四，地方政府在市政领域投资项目的盈利现金流入（*CA*）。每年大约 50%的资金投入到盈利性项目中，包括电力、热力、水、道路建设等，另外 50%的资金投入到社会保障福利、科学研究、水利环境等非营利性项目中。整体而言，政府投资项目维持零利润，因此，地方政府投资项目的盈利现金流入仅来源于固定资产折旧。借鉴张军等（2004）的方法估算每个省当年的折旧率，再乘以上一年度市政领域固定资产投资总额得到折旧额，以此作为地方政府在市政领域投资项目的盈利现金流入。

参照 Croce 等（2019）、Demirci 等（2019）的研究，本章将地方政府债务规模增量记为 *GovDebt*，为消除规模效应的影响，以地区 GDP 进行平减。

（二）企业创新

参照江轩宇（2016）、Mukherjee 等（2017）的界定，本章将企业创新界定为企业专利个数加 1 的自然对数。为了验证结论的稳健性，本章分别采用专利申请量（*PatentA*）和专利授予量（*PatentG*）两种方法界定企业创新。

（三）控制变量

借鉴以往研究和本章研究的问题，选择以下变量作为控制变量：创新投入、企业规模、财务杠杆、盈利能力、成长能力、现金流量、第一大股东持股比例、两权分离度、两职合一、独立董事比例、产权性质、地区经济状况、地区城镇化率、社会固定资产投资、第二产业占比以及第三产业占比。此外，本章还控制了年度、行业和地区效应。各变量的具体定义如表 6-1 所示。

表 6-1 变量定义

变量符号	变量名称	计算方法
PatentA	专利申请	企业专利申请量加 1 取自然对数
PatentG	专利授予	企业专利授予量加 1 取自然对数
GovDebt	地方政府债务	地方政府债务与地区 GDP 的比值，具体算法参见正文和公式（6-1）
R&D	创新投入	研发支出与营业收入的比值
Size	企业规模	资产总额的自然对数
Lev	财务杠杆	负债总额与资产总额的比值
ROA	盈利能力	净利润与资产总额的比值
Grow	成长能力	营业收入增长率
Cf	现金流量	经营活动现金流量净额与资产总额的比值
*Top*1	第一大股东持股比例	第一大股东持股数量与企业总股本的比值
Wedge	两权分离度	实际控制人拥有企业控制权与所有权之差
Dual	两职合一	董事长与总经理为同一人时取值为 1，否则取值为 0
IndDir	独立董事比例	独立董事人数与董事会总人数的比值
SOE	产权性质	最终控制人为国有时取值为 1，否则取值为 0
GDP	地区经济状况	企业所在地区 GDP 的自然对数

续表

变量符号	变量名称	计算方法
Citizen	地区城镇化率	企业所在地区城镇人口与总人口的比值
SocInv	社会固定资产投资	企业所在地区社会固定资产投资总额与地区 GDP 的比值
SecInd	第二产业占比	企业所在地区第二产业增加值占地区 GDP 的比重
ThirdInd	第三产业占比	企业所在地区第三产业增加值占地区 GDP 的比重

三、模型设定

为了检验地方政府债务与企业创新之间的关系，本章构建如下回归模型：

$$PatentA_{t+1}/PatentG_{t+1} = \alpha + \beta GovDebt_t + \gamma Control\ Variables + \sum \mu_i Year + \sum \eta_i Industry + \sum \theta_i Province + \varepsilon_t \tag{6-2}$$

需要说明的是，本章将地方政府债务（*GovDebt*）和其他控制变量滞后一期，以解决可能存在的内生性问题。上述回归模型中，我们主要关注β的系数，如果本章的假设正确，则β的系数应显著为负。

四、变量描述性统计

表6-2 列示了主要变量的描述性统计。本章采用专利申请量（*PatentA*）和专利授予量（*PatentG*）两种方式来衡量企业创新，均值分别为2.2548 和 2.0029，标准差分别为 1.8106 和 1.6993。地方政府债务（*GovDebt*）的均值为 0.0591，最小值和最大值分别为-0.0840 和 0.2791，标准差为 0.0433，说明各个省份的地方政府债务增量规模存在一定差异。

表 6-2 描述性统计

变量名	样本数	均值	标准差	最小值	25 分位数	中位数	75 分位数	最大值
PatentA	18476	2.2548	1.8106	0.0000	0.0000	2.3026	3.6109	6.7429
PatentG	18476	2.0029	1.6993	0.0000	0.0000	1.9459	3.2581	6.4281
GovDebt	18476	0.0591	0.0433	-0.0840	0.0361	0.0564	0.0799	0.2791

续表

变量名	样本数	均值	标准差	最小值	25 分位数	中位数	75 分位数	最大值
R&D	18476	0.0232	0.0356	0.0000	0.0000	0.0044	0.0358	0.2029
Size	18476	21.9153	1.2751	19.1937	21.0113	21.7629	22.6424	25.8267
Lev	18476	0.4544	0.2189	0.0495	0.2837	0.4509	0.6187	1.0318
ROA	18476	0.0383	0.0554	-0.1932	0.0131	0.0351	0.0645	0.2044
Grow	18476	0.2205	0.6047	-0.5931	-0.0284	0.1144	0.2892	4.4533
Cf	18476	0.0433	0.0762	-0.1993	0.0026	0.0429	0.0873	0.2555
Top1	18476	0.3576	0.1509	0.0923	0.2359	0.3378	0.4640	0.7540
Wedge	18476	0.0518	0.0782	0.0000	0.0000	0.0000	0.0949	0.2918
Dual	18476	0.2271	0.4190	0.0000	0.0000	0.0000	0.0000	1.0000
IndDir	18476	0.3704	0.0522	0.3000	0.3333	0.3333	0.4000	0.5714
SOE	18476	0.4488	0.4974	0.0000	0.0000	0.0000	1.0000	1.0000
GDP	18476	28.5001	0.8121	24.2538	28.0396	28.5433	29.1151	29.7043
Citizen	18476	0.6141	0.1484	0.2150	0.4999	0.6190	0.6776	0.8960
SocInv	18476	0.5663	0.2323	0.2319	0.3484	0.5711	0.7334	1.3878
SecInd	18476	0.4547	0.0905	0.1926	0.4380	0.4763	0.5130	0.6150
ThirdInd	18476	0.4686	0.1177	0.2860	0.3910	0.4415	0.5000	0.8023

第四节 实证回归结果

一、地方政府债务与企业创新

表6-3的第（1）和第（2）列均为地方政府债务与企业创新的回归结果，为了验证结论的稳健性，本章分别选用企业专利申请量加1的自然对数（$PatentA_{t+1}$），企业专利授予量加1的自然对数（$PatentG_{t+1}$）作为被解释变量。由表可知，第（1）、第（2）列中，地方政府债务变量（$GovDebt_t$）的系数分别为-1.4425和-1.5588，均在5%的水平上显著，说明扩大地方政府的债务规模对企业创新产生了负向影响，假设H1得证。

从经济意义上看，地方政府债务占地区 GDP 的比例上升一个标准差，将导致企业创新绩效下降 3%左右（若以 $PatentA_{t+1}$ 为被解释变量，则变动 2.8%；若以 $PatentG_{t+1}$ 为被解释变量，则变动 3.4%），印证了本章提出的主要假设。

控制变量中，企业创新投入与创新绩效呈显著的正相关关系，说明创新投入越高，企业创新绩效越高。其他变量，公司规模、盈利能力、两职合一以及社会固定资产投资均与企业创新呈正相关关系，印证了较大的公司规模、较强的盈利能力、较低的管理层代理问题以及大规模社会固定资产投资都有利于公司创新绩效的上升。公司成长能力、地区经济状况则与企业创新呈负相关关系，说明公司成长性越好、地区经济状况越好则企业创新绩效越差。

表 6-3 地方政府债务与企业创新

被解释变量	$PatentA_{t+1}$	$PatentG_{t+1}$
	(1)	(2)
$GovDebt_t$	-1.4425** (-2.0783)	-1.5588** (-2.3652)
$R\&D_t$	8.1909*** (12.0793)	7.2982*** (11.1114)
$Size_t$	0.5503*** (23.8265)	0.5019*** (22.5681)
Lev_t	0.0790 (0.6823)	0.0560 (0.5302)
ROA_t	2.8195*** (8.8044)	1.8085*** (6.0861)
$Grow_t$	-0.0436** (-2.4040)	-0.0441*** (-2.6421)
Cf_t	0.0169 (0.0899)	0.1161 (0.6541)
$Top1_t$	-0.1463 (-0.9590)	-0.0458 (-0.3155)
$Wedge_t$	0.3277 (1.1731)	0.2575 (0.9653)

续表

被解释变量	$PatentA_{t+1}$	$PatentG_{t+1}$
	(1)	(2)
$Dual_t$	0.0964** (2.3259)	0.0726* (1.8519)
$IndDir_t$	0.3772 (1.0227)	0.3571 (1.0313)
SOE_t	0.0056 (0.1061)	−0.0236 (−0.4726)
GDP_t	−0.6195** (−1.9961)	−0.6389** (−2.1806)
$Citizen_t$	1.3502 (1.3387)	1.2367 (1.3066)
$SocInv_t$	0.5095** (2.1862)	0.5377** (2.4743)
$SecInd_t$	2.0778 (1.1868)	0.0508 (0.0303)
$ThirdInd_t$	0.6131 (0.3295)	−2.8898 (−1.5858)
Constant	3.7765 (0.4570)	7.8909 (1.0023)
Year	控制	控制
Industry	控制	控制
Province	控制	控制
N	18476	18476
Adj. R^2	0.4871	0.4838

注：***、**、*分别表示在1%、5%和10%水平上显著；回归系数的标准误已在公司维度上进行聚类调整（下同）。

二、地方政府债务影响企业创新的机制检验

（一）融资约束的影响

中国应对金融危机的财政刺激政策主要以信贷扩张为支撑。在银行信

贷供给量一定的情况下，地方政府债务规模的上升将导致企业从商业银行获取的贷款额度相对减少，进而对企业的债务融资构成挤出效应。本部分试图验证“地方政府债务—融资约束—企业创新”这一机制的可信性。依据 Hadlock 和 Pierce（2010）的定义，本部分构建了 *SA* 指数，并将样本按 *SA* 指数的中位数分为融资约束较高组和融资约束较低组。

其中，*SA* 指数为：

$$SA=-0.737\times Size+0.043\times Size^2-0.040\times Age \tag{6-3}$$

式（6-3）中，*Size* 为公司规模，为资产总额的自然对数；*Age* 为公司年龄，为公司上市时间加 1 的自然对数。*SA* 指数越大，公司的融资约束越低。

表 6-4 的第（1）、第（3）列的系数显著为负，证实了较高的融资约束会强化地方政府债务与企业创新负向关系的观点。但是，当公司的融资约束较低时［第（2）、第（4）列］，地方政府债务对企业创新的影响不再显著。

表 6-4　融资约束、地方政府债务与企业创新

被解释变量	$PatentA_{t+1}$	$PatentA_{t+1}$	$PatentG_{t+1}$	$PatentG_{t+1}$
	融资约束高	融资约束低	融资约束高	融资约束低
	(1)	(2)	(3)	(4)
$GovDebt_t$	-2.8547** (-2.5698)	-0.1769 (-0.1841)	-2.7152*** (-2.6070)	-0.2800 (-0.3139)
$R\&D_t$	5.5346*** (7.2183)	14.0770*** (10.2556)	4.4985*** (6.0494)	13.6551*** (10.4156)
$Size_t$	0.5580*** (18.9902)	0.5331*** (16.0735)	0.5090*** (17.7560)	0.4800*** (15.2352)
Lev_t	0.3151** (2.1147)	0.0252 (0.1611)	0.2455* (1.7807)	0.0107 (0.0755)
ROA_t	2.5551*** (6.0151)	3.1170*** (7.2239)	1.5580*** (4.0770)	2.0878*** (5.0400)
$Grow_t$	-0.0295 (-0.8763)	-0.0314 (-1.4799)	-0.0264 (-0.8808)	-0.0379* (-1.9212)

续表

被解释变量	$PatentA_{t+1}$	$PatentA_{t+1}$	$PatentG_{t+1}$	$PatentG_{t+1}$
	融资约束高	融资约束低	融资约束高	融资约束低
	(1)	(2)	(3)	(4)
Cf_t	-0.1728 (-0.6564)	0.2868 (1.1699)	-0.0981 (-0.3945)	0.4166* (1.8262)
$Top1_t$	0.0634 (0.3411)	-0.4079* (-1.8238)	0.1318 (0.7357)	-0.2415 (-1.1489)
$Wedge_t$	-0.1256 (-0.3486)	0.9384** (2.5590)	-0.1010 (-0.2904)	0.7480** (2.1334)
$Dual_t$	0.1037** (2.0985)	0.0513 (0.8212)	0.0809* (1.7004)	0.0376 (0.6351)
$IndDir_t$	-0.0433 (-0.0974)	0.5657 (1.0983)	0.0032 (0.0074)	0.4861 (1.0121)
SOE_t	-0.1359* (-1.7940)	0.1712** (2.5086)	-0.1588** (-2.2038)	0.1150* (1.8007)
GDP_t	-0.7231 (-1.3832)	-0.8254* (-1.9540)	-0.6818 (-1.3946)	-0.8717** (-2.2305)
$Citizen_t$	-0.8276 (-0.5285)	1.9876 (1.4043)	-0.0879 (-0.0609)	1.4073 (1.0723)
$SocInv_t$	1.3512*** (3.7087)	0.1756 (0.5381)	1.1211*** (3.1005)	0.2927 (1.0191)
$SecInd_t$	2.0919 (0.6973)	2.8908 (1.1727)	-1.9038 (-0.6753)	2.2005 (0.9306)
$ThirdInd_t$	0.4423 (0.1373)	1.5234 (0.5826)	-5.5976* (-1.8287)	-0.1044 (-0.0407)
Constant	8.3769 (0.6069)	8.3238 (0.7376)	12.4076 (0.9506)	12.0339 (1.1442)
Year	控制	控制	控制	控制
Industry	控制	控制	控制	控制
Province	控制	控制	控制	控制
N	9193	9189	9193	9189
Adj. R^2	0.4652	0.5252	0.4706	0.5199

企业是否面临融资约束，一方面取决于从商业银行获取贷款的能力，

另一方面也取决于企业的外部融资需求。本部分进一步构建融资需求变量来验证“地方政府债务—融资约束—企业创新”的影响机制。借鉴 Durnev 和 Kim（2005），将融资需求定义为企业的实际增长率减去可持续增长率。其中，实际增长率为公司总资产增长率（总资产$_t$-总资产$_{t-1}$/总资产$_{t-1}$），可持续增长率为（净资产收益率$_t$/（1-净资产收益率$_t$）。

表 6-5 将全部样本按照融资需求的中位数分为融资需求较大组和融资需求较小组。当控制其他因素后，地方政府债务与企业创新的负向关系在融资需求较大组更显著，但在融资需求较小组不显著。可以说，表 6-5 的回归结果进一步证实了“地方政府债务—融资约束—企业创新”影响机制的合理性。

表 6-5 融资需求、地方政府债务与企业创新

被解释变量	$PatentA_{t+1}$	$PatentA_{t+1}$	$PatentG_{t+1}$	$PatentG_{t+1}$
	融资需求大	融资需求小	融资需求大	融资需求小
	(1)	(2)	(3)	(4)
$GovDebt_t$	-3.0526*** (-2.7632)	0.0094 (0.0098)	-2.6547** (-2.5604)	-0.6242 (-0.6682)
$R\&D_t$	8.8371*** (10.3479)	7.7908*** (10.3082)	7.6914*** (9.9308)	7.1889*** (9.2402)
$Size_t$	0.5123*** (19.1708)	0.5906*** (22.2242)	0.4639*** (17.9817)	0.5404*** (21.0017)
Lev_t	-0.0178 (-0.1318)	0.1038 (0.7537)	-0.0858 (-0.6929)	0.1292 (1.0306)
ROA_t	2.9658*** (7.8585)	2.6384*** (5.9110)	1.6181*** (4.6212)	1.9342*** (4.6567)
$Grow_t$	-0.0551** (-2.5597)	-0.0285 (-0.9200)	-0.0373* (-1.8373)	-0.0675** (-2.4162)
Cf_t	0.3083 (1.2466)	-0.3314 (-1.3069)	0.3692 (1.6237)	-0.2926 (-1.1963)
$Top1_t$	-0.2199 (-1.2473)	-0.0542 (-0.3088)	-0.1422 (-0.8562)	0.0798 (0.4705)

续表

被解释变量	$PatentA_{t+1}$	$PatentA_{t+1}$	$PatentG_{t+1}$	$PatentG_{t+1}$
	融资需求大	融资需求小	融资需求大	融资需求小
	(1)	(2)	(3)	(4)
$Wedge_t$	0.1938 (0.6140)	0.4920 (1.5009)	0.0214 (0.0725)	0.4846 (1.5178)
$Dual_t$	0.0876* (1.7225)	0.1204** (2.4398)	0.0699 (1.4937)	0.0830* (1.7358)
$IndDir_t$	0.6708 (1.4918)	-0.1275 (-0.3036)	0.6868 (1.6237)	-0.1020 (-0.2577)
SOE_t	0.0373 (0.6081)	-0.0104 (-0.1725)	-0.0178 (-0.3084)	-0.0227 (-0.3993)
GDP_t	-0.8317* (-1.8359)	-0.4467 (-1.1328)	-0.5276 (-1.2743)	-0.6903* (-1.8044)
$Citizen_t$	2.7132* (1.8263)	0.2640 (0.2063)	1.6984 (1.2270)	0.9135 (0.7500)
$SocInv_t$	0.7852** (2.2913)	0.2360 (0.7832)	0.6732** (2.1058)	0.4129 (1.4139)
$SecInd_t$	-0.9276 (-0.3785)	4.3345** (1.9788)	-1.9179 (-0.8234)	1.3135 (0.6061)
$ThirdInd_t$	-1.8143 (-0.6957)	2.4134 (0.9995)	-3.8241 (-1.5039)	-2.3089 (-0.9642)
Constant	11.9711 (0.9911)	-2.8843 (-0.2738)	6.5979 (0.5977)	7.9187 (0.7718)
Year	控制	控制	控制	控制
Industry	控制	控制	控制	控制
Province	控制	控制	控制	控制
N	9101	9096	9101	9096
Adj. R^2	0.4824	0.4995	0.4806	0.4935

（二）风险承担的影响

由于地方政府债务主要来源于银行等金融机构（伏润民等，2017），因此地方政府债务的风险与金融部门的风险存在双螺旋效应，地方政府债务风险将通过金融风险渠道传导至实体经济部门，并最终对整个宏观经济产生冲击（熊琛和金昊，2018）。从风险承担的角度来看，创新作为企业的一项特殊投资，具有高风险、高收益的双重特征（Scherer，1965；Holmstrom，1989），由于结果存在较大的不确定性，创新活动需要企业不断容忍失败、经历漫长的试错过程（Manso，2011；Tian and Wang，2011），因而较高的风险承担能力是不可或缺的（Francis and Smith，1995）。本部分进一步讨论“地方政府债务—风险承担—企业创新”影响机制的合理性，认为地方政府债务引发的风险会弱化企业风险承担能力，从而削弱企业的创新动机。借鉴余明贵等（2013），本部分采用行业调整的 *ROA* 在过去三年标准差来衡量企业风险承担，该指标值越大，代表企业风险承担能力越强。

其中行业调整的 *ROA* 为：

$$Risk_i = \sqrt{\frac{1}{N-1}\sum_{n=1}^{N}\left(Adj\_ROA_{in} - \frac{1}{N}\sum_{n=1}^{N}Adj\_ROA_{in}\right)^2} \mid N = 3 \quad (6-4)$$

式（6-4）中，Adj_ROA_{in} 以息税前利润与期末总资产的比值衡量，计算公式为：$Adj_{ROA_{in}} = \frac{Profit_{in}}{Assets_{in}} - \frac{1}{X_n}\sum_{k=1}^{x}\frac{Profit_{kn}}{Assets_{kn}}$。$i$ 表示企业；n 表示观测时间段内的年度，取值为 1 到 3；X 表示该行业的企业数量，k 表示该行业的第 k 家企业。

表 6-6 将样本按照企业风险承担能力中位数分为风险承担能力强组和风险承担能力弱组。在控制其他因素后，实证结果发现地方政府债务与企业创新的负相关系数在风险承担能力弱组更加显著，证实了“地方政府债务—风险承担—企业创新”的影响机制能够解释地方政府债务对企业创新的负向影响。

表 6-6 风险承担、地方政府债务与企业创新

被解释变量	$PatentA_{t+1}$	$PatentA_{t+1}$	$PatentG_{t+1}$	$PatentG_{t+1}$
	风险承担能力强	风险承担能力弱	风险承担能力强	风险承担能力弱
	(1)	(2)	(3)	(4)
$GovDebt_t$	-1.1137 (-1.0278)	-2.0434* (-1.7788)	-1.2742 (-1.2360)	-2.4019** (-2.2235)
$R\&D_t$	9.1984*** (10.9736)	7.8239*** (8.1354)	8.3216*** (10.1747)	6.9617*** (7.5674)
$Size_t$	0.5224*** (19.9066)	0.5487*** (16.0603)	0.4688*** (18.6614)	0.5083*** (15.5380)
Lev_t	-0.0842 (-0.6557)	0.2892 (1.4994)	-0.0942 (-0.8141)	0.2004 (1.1126)
ROA_t	2.0853*** (6.4672)	6.3645*** (7.7942)	1.1318*** (3.8034)	5.1241*** (6.4079)
$Grow_t$	-0.0302 (-1.4525)	-0.0702** (-1.9653)	-0.0261 (-1.3618)	-0.0970*** (-2.8316)
Cf_t	0.1303 (0.5510)	-0.3787 (-1.3839)	0.1151 (0.5149)	-0.1178 (-0.4462)
$Top1_t$	-0.1572 (-0.8102)	-0.1842 (-0.9688)	0.0589 (0.3222)	-0.1741 (-0.9463)
$Wedge_t$	0.1816 (0.5319)	0.5176 (1.5022)	-0.0700 (-0.2195)	0.5433 (1.6085)
$Dual_t$	0.1527*** (2.8619)	0.0265 (0.4690)	0.1357*** (2.6925)	0.0036 (0.0673)
$IndDir_t$	0.4109 (0.9148)	0.0566 (0.1132)	0.2660 (0.6437)	0.2536 (0.5470)
SOE_t	0.0438 (0.6817)	0.0043 (0.0654)	-0.0129 (-0.2153)	-0.0089 (-0.1428)
GDP_t	-0.9648** (-2.0270)	-0.5205 (-1.0944)	-0.9834** (-2.2535)	-0.4366 (-0.9608)
$Citizen_t$	1.5807 (1.0370)	0.6518 (0.4491)	2.5224* (1.7501)	-0.1122 (-0.0804)
$SocInv_t$	0.6224* (1.7473)	0.5583 (1.6150)	0.6408** (1.9833)	0.5945* (1.7736)

续表

被解释变量	$PatentA_{t+1}$ 风险承担能力强 (1)	$PatentA_{t+1}$ 风险承担能力弱 (2)	$PatentG_{t+1}$ 风险承担能力强 (3)	$PatentG_{t+1}$ 风险承担能力弱 (4)
$SecInd_t$	1.5218 (0.6405)	3.8214 (1.3663)	-1.7543 (-0.7736)	3.4153 (1.2722)
$ThirdInd_t$	0.5575 (0.2103)	1.6065 (0.5302)	-4.2245 (-1.6356)	0.1689 (0.0578)
Constant	13.9408 (1.1019)	0.4656 (0.0363)	18.5032 (1.5828)	0.2353 (0.0191)
Year	控制	控制	控制	控制
Industry	控制	控制	控制	控制
Province	控制	控制	控制	控制
N	8350	8343	8350	8343
Adj. R^2	0.4728	0.5228	0.4729	0.5141

第五节　进一步研究

一、公司治理机制、地方政府债务与企业创新

因为经营权和所有权的分离，管理者在经营公司的过程中会承担一定的业绩压力。为了确保职位安全，管理层乐于对常规、收益稳定的项目进行投资，同时避免将资金投资于创新这样一项风险高、收益期长的项目（Jiang and Yuan，2018；黄健峤等，2020）。但是从长期来看，创新才能为企业经营带来突破，给股东带来最大化的收益。因此，如何构建合理的公司治理机制对管理层进行监管，便成为制约企业创新活动能否顺利进行的关键问题（Balsmeier et al.，2017）。本部分将内部治理机制（内部控制）和外部治理机制（机构投资者持股）纳入讨论，试图厘清公司治理机制对地方政府债务与企业创新关系的影响。

（一）内部治理机制：内部控制

内部控制通过一系列严密的制度安排，在公司治理等诸多方面形成了相互制约、相互监督的运行机制（张会丽和吴有红，2014），良好的内部控制能够缓解信息不对称问题，有利于股东加强监管，有效解决管理层的逆向选择和道德风险等代理问题（Cheng et al.，2013）。周继军和张旺峰（2011）基于中国2005—2010年的证据，提出高质量的内部控制能够抑制管理层舞弊行为。本部分参考周美华等（2016）的做法，采用深圳迪博披露的内部控制信息指数，并取自然对数作为内部控制的替代指标，较高的内部控制信息披露指数意味着更好的内部控制质量。表6-7按照内部控制指数的中位数，将样本分为内部控制质量较高组（内部控制强）和内部控制质量较低组（内部控制弱）。实证结果显示，地方政府债务对企业创新的负向影响在内部控制弱的组更加显著，说明较差的内部治理机制会对企业创新形成制约。

表6-7 内部控制、地方政府债务与企业创新

被解释变量	$PatentA_{t+1}$	$PatentA_{t+1}$	$PatentG_{t+1}$	$PatentG_{t+1}$
	内部控制强	内部控制弱	内部控制强	内部控制弱
	(1)	(2)	(3)	(4)
$GovDebt_t$	-1.4766 (-1.3652)	-1.8675* (-1.8457)	-1.1332 (-1.0751)	-2.2942** (-2.3536)
$R\&D_t$	7.6778*** (9.3960)	8.6799*** (10.6801)	6.6559*** (8.1756)	7.9868*** (9.9897)
$Size_t$	0.5671*** (18.8278)	0.5086*** (18.8877)	0.5235*** (17.7869)	0.4561*** (17.8297)
Lev_t	0.2010 (1.2073)	-0.0384 (-0.2952)	0.1542 (0.9829)	-0.0266 (-0.2242)
ROA_t	3.7502*** (6.2248)	2.0235*** (5.9692)	2.9097*** (5.0187)	1.0540*** (3.4077)
$Grow_t$	-0.0767*** (-2.7119)	-0.0130 (-0.5500)	-0.0683*** (-2.5847)	-0.0257 (-1.1883)

续表

被解释变量	$PatentA_{t+1}$	$PatentA_{t+1}$	$PatentG_{t+1}$	$PatentG_{t+1}$
	内部控制强	内部控制弱	内部控制强	内部控制弱
	(1)	(2)	(3)	(4)
Cf_t	-0.2686 (-0.9738)	-0.1133 (-0.5240)	-0.0645 (-0.2455)	-0.0839 (-0.4145)
$Top1_t$	-0.2428 (-1.3305)	-0.0868 (-0.5087)	-0.1552 (-0.8852)	0.0333 (0.2076)
$Wedge_t$	0.5145 (1.5192)	0.1485 (0.4750)	0.2889 (0.8852)	0.1458 (0.4936)
$Dual_t$	0.0962* (1.7802)	0.0974** (2.0997)	0.0645 (1.2567)	0.0727 (1.6309)
$IndDir_t$	0.5841 (1.2812)	-0.1480 (-0.3645)	0.7440* (1.7429)	-0.2612 (-0.6797)
SOE_t	0.0383 (0.5779)	-0.0108 (-0.1880)	0.0170 (0.2694)	-0.0476 (-0.9016)
GDP_t	-1.3096*** (-2.6552)	-0.0405 (-0.0966)	-1.2050*** (-2.6615)	-0.1048 (-0.2572)
$Citizen_t$	0.2049 (0.1301)	2.4016* (1.8110)	0.2338 (0.1618)	2.0878 (1.6369)
$SocInv_t$	0.8258** (2.1047)	0.2693 (0.9055)	0.6907* (1.9301)	0.4193 (1.4465)
$SecInd_t$	4.7220* (1.6512)	1.5238 (0.7473)	3.4438 (1.2823)	-0.9864 (-0.4919)
$ThirdInd_t$	1.1229 (0.3780)	1.8165 (0.7907)	-1.2235 (-0.4310)	-2.4919 (-1.0988)
Constant	21.9844* (1.6963)	-12.5240 (-1.1076)	21.3560* (1.7904)	-6.2716 (-0.5685)
Year	控制	控制	控制	控制
Industry	控制	控制	控制	控制
Province	控制	控制	控制	控制
N	8847	8840	8847	8840
Adj. R^2	0.5018	0.4700	0.5007	0.4675

（二）外部治理机制：机构投资者持股

出于经济动机和社会动机，机构投资者具有对管理层实施监督的内在愿望，机构投资者持股作为外部治理机制对公司财务行为的影响已经获得证实（Mazur et al.，2018；张济建等，2017）。当机构投资者持股比例越高时，其与公司股东的利益越一致，对管理层的监管也更加严格。作为外部治理机制的衡量变量，表 6-8 将样本按照机构投资者持股中位数分成机构投资者持股多和机构投资者持股少两组。实证发现，地方政府债务对企业创新的负向影响在机构投资者持股较少组更加显著，印证了较差的外部治理机制不利于公司创新的观点。

表 6-8 机构投资者持股、地方政府债务与企业创新

被解释变量	$PatentA_{t+1}$	$PatentA_{t+1}$	$PatentG_{t+1}$	$PatentG_{t+1}$
	机构投资者持股多	机构投资者持股少	机构投资者持股多	机构投资者持股少
	(1)	(2)	(3)	(4)
$GovDebt_t$	0.6891 (0.7133)	-3.1479*** (-2.9480)	0.8369 (0.9345)	-3.5118*** (-3.6192)
$R\&D_t$	9.3714*** (9.9078)	7.1065*** (8.9733)	8.5425*** (9.2294)	6.1798*** (8.1640)
$Size_t$	0.5654*** (17.9682)	0.5303*** (18.5614)	0.5177*** (17.1196)	0.4811*** (17.5929)
Lev_t	0.0843 (0.4505)	0.0184 (0.1423)	0.0524 (0.3016)	0.0271 (0.2330)
ROA_t	3.8012*** (7.2920)	2.0295*** (5.7929)	2.5816*** (5.1512)	1.2828*** (4.0936)
$Grow_t$	-0.0534** (-1.9646)	-0.0253 (-1.0600)	-0.0586** (-2.2136)	-0.0267 (-1.2504)
Cf_t	-0.3121 (-1.1469)	0.1338 (0.5895)	0.0429 (0.1663)	-0.0193 (-0.0911)
$Top1_t$	-0.1191 (-0.5630)	-0.2186 (-1.2906)	0.0056 (0.0278)	-0.1562 (-0.9886)
$Wedge_t$	0.3050 (0.8387)	0.0496 (0.1559)	0.1804 (0.5211)	0.1816 (0.6031)

续表

被解释变量	$PatentA_{t+1}$	$PatentA_{t+1}$	$PatentG_{t+1}$	$PatentG_{t+1}$
	机构投资者持股多	机构投资者持股少	机构投资者持股多	机构投资者持股少
	(1)	(2)	(3)	(4)
$Dual_t$	0.0482 (0.8042)	0.1427*** (2.9402)	0.0254 (0.4341)	0.1193*** (2.6452)
$IndDir_t$	0.2660 (0.5288)	0.4199 (0.9658)	0.5021 (1.0520)	0.1764 (0.4417)
SOE_t	-0.0165 (-0.2374)	0.0129 (0.1977)	-0.0259 (-0.3953)	-0.0336 (-0.5524)
GDP_t	-1.2982*** (-2.8141)	0.0904 (0.2106)	-1.0569** (-2.5570)	-0.1757 (-0.4257)
$Citizen_t$	-1.0715 (-0.7371)	3.1380** (2.2331)	-1.6972 (-1.2426)	3.6827*** (2.8773)
$SocInv_t$	0.5170 (1.5151)	0.4999 (1.5568)	0.4954 (1.5792)	0.5946** (2.0304)
$SecInd_t$	3.1153 (1.1313)	1.6227 (0.7128)	-0.1551 (-0.0595)	1.0976 (0.5171)
$ThirdInd_t$	0.3045 (0.1046)	1.5988 (0.6335)	-4.0154 (-1.4214)	-0.7489 (-0.3155)
Constant	24.0850** (1.9668)	-17.3781 (-1.4995)	22.2662** (1.9929)	-8.1643 (-0.7327)
Year	控制	控制	控制	控制
Industry	控制	控制	控制	控制
Province	控制	控制	控制	控制
N	9099	9098	9099	9098
Adj. R^2	0.5222	0.4552	0.5166	0.4563

二、产权性质、地方政府债务与企业创新

中国上市公司存在着国有企业和民营企业的天然差异，国有企业由于制度、产权等方面的优势，在信贷、政策等方面更易于受到照顾。Liang 等（2017）检验中国地方政府债务对企业负债的影响发现，地方政府债务对

上市公司债务融资的挤出效应在非国有企业组更加明显，即地方政府债务产生的融资约束问题对非国有企业影响更大。因此，本部分将全部样本按照产权分为国有企业、非国有企业两组，试图深化相关讨论。

表6-9的回归结果表明，当控制其他影响因素之后，地方政府债务对企业创新的负向影响更多体现在非国有企业组中，第（2）、第（4）列的 $GovDebt_t$ 均在10%的水平上显著为负。上述回归结果也证实了“地方政府债务—融资约束—企业创新”这种影响机制。

表6-9 产权性质、地方政府债务与企业创新

被解释变量	$PatentA_{t+1}$	$PatentA_{t+1}$	$PatentG_{t+1}$	$PatentG_{t+1}$
	国有企业	非国有企业	国有企业	非国有企业
	(1)	(2)	(3)	(4)
$GovDebt_t$	-0.9291 (-1.0500)	-1.8084* (-1.6825)	-1.0800 (-1.3221)	-1.9104* (-1.8681)
$R\&D_t$	13.0256*** (9.9686)	7.0393*** (9.4198)	12.9748*** (10.7483)	5.9735*** (8.2571)
$Size_t$	0.5499*** (16.6780)	0.5458*** (17.5951)	0.5076*** (16.0815)	0.4886*** (16.3606)
Lev_t	0.0760 (0.4167)	-0.0731 (-0.4988)	0.0318 (0.1886)	-0.0505 (-0.3793)
ROA_t	2.4160*** (4.7214)	2.9241*** (7.5485)	1.5005*** (3.1070)	1.8659*** (5.2417)
$Grow_t$	-0.0056 (-0.2172)	-0.0583** (-2.4489)	-0.0160 (-0.6525)	-0.0529** (-2.4591)
Cf_t	-0.2800 (-0.9648)	0.2840 (1.2068)	-0.1570 (-0.5782)	0.3799* (1.7108)
$Top1_t$	-0.2009 (-0.8576)	-0.1660 (-0.8854)	-0.0851 (-0.3827)	-0.0751 (-0.4208)
$Wedge_t$	0.1126 (0.2546)	0.1951 (0.5672)	-0.0793 (-0.1887)	0.2623 (0.7987)
$Dual_t$	0.0519 (0.6356)	0.1385*** (2.9069)	0.0212 (0.2828)	0.1181*** (2.6019)
$IndDir_t$	1.1599** (2.0397)	-0.2650 (-0.6042)	1.2249** (2.2764)	-0.3553 (-0.8847)

续表

被解释变量	$PatentA_{t+1}$	$PatentA_{t+1}$	$PatentG_{t+1}$	$PatentG_{t+1}$
	国有企业	非国有企业	国有企业	非国有企业
	(1)	(2)	(3)	(4)
GDP_t	-1.0816*** (-2.8080)	-0.3602 (-0.6780)	-1.0293*** (-2.8474)	-0.3680 (-0.6922)
$Citizen_t$	-0.2717 (-0.2026)	2.3708 (1.5875)	-0.5961 (-0.4722)	2.0494 (1.4674)
$SocInv_t$	0.6493** (2.2037)	0.2157 (0.5854)	0.7449*** (2.7221)	0.1843 (0.5370)
$SecInd_t$	3.8517* (1.6934)	-0.7365 (-0.2676)	1.2412 (0.5860)	-1.9835 (-0.7050)
$ThirdInd_t$	1.4318 (0.5775)	-1.6216 (-0.5702)	-2.3913 (-1.0184)	-4.4920 (-1.5244)
Constant	16.5355 (1.5908)	-1.4140 (-0.1017)	19.0908* (1.9451)	2.0052 (0.1437)
Year	控制	控制	控制	控制
Industry	控制	控制	控制	控制
Province	控制	控制	控制	控制
N	8292	10184	8292	10184
Adj. R^2	0.5563	0.4478	0.5540	0.4448

三、晋升激励、地方政府债务与企业创新

在中国制度背景下，财政分权和晋升激励是企业城投债规模持续上升的重要因素（陈菁和李建发，2015），当地方官员的政绩动机更加强烈的时候，“借债”便成为地方政府突破财政预算、实现政治晋升的主要手段。因此，我们预期较强的晋升激励往往和更大规模的地方政府债务相联系，将导致企业面临更严重的融资约束和更高的外部经营风险。

借鉴钱先航等（2011）、陈菁和李建发（2015）的做法，本章基于GDP增长率、财政盈余以及失业率三个维度构造晋升激励指数，其中，财政盈余=(地方财政收入-地方财政支出)/地方财政收入，失业率=城镇登

记失业人口数/（城镇登记失业人口数+城镇登记从业人口数）。考虑到我国政府官员晋升主要采用相对绩效评估方法考核，因而邻近省份是最直接的可比对象。同时，由于本章采用的是省级面板数据，因此，我们按照地理位置，将我国划分为华东、华南、华北、华中、西南、西北和东北七大地区，以人均 GDP 为权重计算各地区所包含省份三个以上维度的加权平均值。当某省份的 GDP 增长率和财政盈余小于所在地区当年的加权平均值时，取值为 1，否则为 0；当某省份的失业率大于所在地区当年的加权平均值时，取值为 1，否则为 0，将以上三个维度的得分进行加总即得到地方官员晋升激励指数，记为 *PS*。该指标的取值范围为 0 至 3，数值越大，官员晋升激励越大。

表 6-10 为晋升激励、地方政府债务与企业创新的回归结果。由表可知，地方政府债务对企业创新的负向影响在晋升激励强的地区更加显著，印证了晋升激励会冲击企业融资约束、损害企业外部经营稳定性的观点。

表 6-10 晋升激励、地方政府债务与企业创新

被解释变量	$PatentA_{t+1}$	$PatentA_{t+1}$	$PatentG_{t+1}$	$PatentG_{t+1}$
	晋升激励强	晋升激励弱	晋升激励强	晋升激励弱
	(1)	(2)	(3)	(4)
$GovDebt_t$	-3.2138** (-2.2593)	-0.9025 (-1.1036)	-3.0282** (-2.1669)	-1.1136 (-1.4730)
$R\&D_t$	12.7408*** (11.6065)	6.6252*** (8.5605)	11.1675*** (10.7852)	6.0368*** (7.9255)
$Size_t$	0.4953*** (14.6767)	0.5874*** (20.9429)	0.4457*** (14.0019)	0.5361*** (19.7085)
Lev_t	0.2354 (1.4926)	-0.0568 (-0.3838)	0.1961 (1.3313)	-0.0620 (-0.4619)
ROA_t	3.1106*** (6.8889)	2.6904*** (6.4995)	1.9699*** (4.7114)	1.8050*** (4.6877)
$Grow_t$	-0.0136 (-0.4790)	-0.0612** (-2.5779)	-0.0155 (-0.5745)	-0.0604*** (-2.8053)
Cf_t	-0.3471 (-1.1963)	0.2438 (1.0304)	-0.1766 (-0.6549)	0.3191 (1.4320)

续表

被解释变量	$PatentA_{t+1}$ 晋升激励强 (1)	$PatentA_{t+1}$ 晋升激励弱 (2)	$PatentG_{t+1}$ 晋升激励强 (3)	$PatentG_{t+1}$ 晋升激励弱 (4)
$Top1_t$	-0. 1151 (-0. 5077)	-0. 1398 (-0. 7547)	0. 0527 (0. 2482)	-0. 0597 (-0. 3375)
$Wedge_t$	0. 0729 (0. 1667)	0. 4613 (1. 3919)	-0. 0214 (-0. 0516)	0. 3881 (1. 2213)
$Dual_t$	0. 1789*** (2. 7995)	0. 0666 (1. 3296)	0. 1253** (2. 0857)	0. 0527 (1. 1048)
$IndDir_t$	-0. 9086 (-1. 6383)	0. 9370** (2. 1294)	-0. 8748* (-1. 7221)	0. 9179** (2. 2210)
SOE_t	0. 1721** (2. 2626)	-0. 0807 (-1. 2347)	0. 1077 (1. 5158)	-0. 0945 (-1. 5272)
GDP_t	-0. 3888 (-0. 7652)	-0. 2889 (-0. 6453)	-0. 2785 (-0. 5965)	-0. 2952 (-0. 6789)
$Citizen_t$	1. 3189 (0. 6958)	-0. 7038 (-0. 4904)	1. 3908 (0. 7652)	-1. 3388 (-0. 9637)
$SocInv_t$	0. 8075* (1. 7613)	0. 4927 (1. 6216)	0. 9516** (2. 1564)	0. 4122 (1. 4786)
$SecInd_t$	1. 5005 (0. 5223)	1. 7860 (0. 7298)	-2. 7055 (-1. 0302)	2. 7413 (1. 1077)
$ThirdInd_t$	-0. 9498 (-0. 3117)	2. 1477 (0. 8388)	-6. 5231** (-2. 3052)	1. 9520 (0. 7533)
Constant	-0. 1071 (-0. 0081)	-5. 0426 (-0. 4247)	2. 3740 (0. 1938)	-4. 0456 (-0. 3506)
Year	控制	控制	控制	控制
Industry	控制	控制	控制	控制
Province	控制	控制	控制	控制
N	6517	11665	6517	11665
Adj. R^2	0. 4897	0. 4937	0. 4877	0. 4894

四、中央巡视、地方政府债务与企业创新

中央巡视是党章规定的一项重要制度，有利于维护党纪、加强党内监督。党的十八大以来，中央开始在部分省市开展巡视制度，有利于各省、自治区、直辖市的廉政建设，提升了地方官员的执政能力。已有研究证实了财政分权、政绩竞赛是地方政府债务扩张的重要影响因素，并引致了地方政府债务风险问题，本部分将中央巡视纳入讨论框架，认为中央巡视有利于对地方官员的各项政策进行监督与审查，能够有效缓解地方政府扩张性财政政策引致的系统性金融风险，最终有利于抑制地方政府债务对企业创新的负向影响。基于上述分析，本章构建模型如下：

$$PatentA_{t+1}/PatentG_{t+1}=\alpha+\beta GovDebt_t+\delta GovDebt_t\times CentralTour_t+ \chi CentralTour_t+\gamma Control\ Variables+ \sum\mu_i Year+\sum\eta_i Industry+\sum\theta_i Province+\varepsilon_t \quad (6-5)$$

其中，$CentralTour_t$为中央巡视虚拟变量，当该省份在当年被巡视时取1；未被巡视时取0。特别地，由于巡视省份和未被巡视省份的数量差距较大，本章采用倾向得分匹配的方法，将巡视省份和未被巡视省份按照地区GDP增长率、社会固定资产投资、第二产业占比、第三产业占比四个变量进行匹配。为每一个被巡视省份匹配一个未被巡视的省份，来解决可能存在的样本选择偏误。

表6-11列示了中央巡视、地方政府债务与企业创新的回归结果。第（1）列和第（2）列中$GovDebt_t\times CentralTour_t$的系数均在1%的水平上显著为正，证明了中央巡视制度有利于缓解地方政府债务无序扩张带来的风险，能够促进企业创新计划的实施。

表 6-11　中央巡视、地方政府债务与企业创新

被解释变量	$PatentA_{t+1}$	$PatentG_{t+1}$
	(1)	(2)
$GovDebt_t$	-3.1955 (-1.5615)	-3.6677* (-1.8290)
$GovDebt_t \times CentralTour_t$	5.8615*** (2.7595)	5.9052*** (2.7728)
$CentralTour_t$	-0.6052*** (-3.4825)	-0.5491*** (-3.1727)
$R\&D_t$	9.4805*** (9.1105)	8.5168*** (8.6451)
$Size_t$	0.5130*** (17.7180)	0.4610*** (16.6916)
Lev_t	0.1658 (1.0946)	0.1182 (0.8517)
ROA_t	3.5846*** (7.0030)	2.3966*** (5.0134)
$Grow_t$	0.0064 (0.2003)	0.0054 (0.1812)
Cf_t	0.0154 (0.0497)	0.1046 (0.3632)
$Top1_t$	-0.4099** (-1.9958)	-0.2738 (-1.4312)
$Wedge_t$	0.7735** (2.1049)	0.5569 (1.6184)
$Dual_t$	0.1367** (2.2788)	0.1208** (2.0844)
$IndDir_t$	0.0886 (0.1775)	-0.1802 (-0.3809)
SOE_t	0.0669 (0.9045)	0.0266 (0.3860)
GDP_t	-0.7975 (-1.1069)	-0.9217 (-1.3869)
$Citizen_t$	2.0017 (1.0043)	1.8596 (1.0360)

续表

被解释变量	$PatentA_{t+1}$	$PatentG_{t+1}$
	(1)	(2)
$SocInv_t$	0.5786 (0.9493)	-0.0779 (-0.1216)
$SecInd_t$	1.2646 (0.4139)	2.9350 (0.9651)
$ThirdInd_t$	1.0942 (0.3042)	2.6261 (0.7309)
Constant	9.2162 (0.4955)	12.4715 (0.7259)
Year	控制	控制
Industry	控制	控制
Province	控制	控制
N	5947	5947
Adj. R^2	0.4757	0.4660

第六节 稳健性检验

一、稳健性检验：企业创新的敏感性测试

为了验证结论的稳健性，本章将创新类型分为发明（I）、实用新型（U）、外观设计（D）三种，并分别计算其申请量加1的自然对数（$PatentIA_{t+1}$、$PatentUA_{t+1}$、$PatentDA_{t+1}$）、授予量加1的自然对数（$PatentIG_{t+1}$、$PatentUG_{t+1}$、$PatentDG_{t+1}$）。纵观表6-12中第（1）~第（6）列的回归结果，在控制了其他因素的影响后，地方政府债务（$GovDebt_t$）的系数均显著为负，说明无论采用何种企业创新的衡量方法，扩张的地方政府债务规模均会对企业创新产生负向影响。

表 6-12　企业创新的敏感性测试

被解释变量	$PatentIA_{t+1}$	$PatentUA_{t+1}$	$PatentDA_{t+1}$	$PatentIG_{t+1}$	$PatentUG_{t+1}$	$PatentDG_{t+1}$
	(1)	(2)	(3)	(4)	(5)	(6)
$GovDebt_t$	-1.2190** (-2.0173)	-1.6804*** (-2.6723)	-0.8064* (-1.7554)	-1.5733*** (-3.0310)	-1.5979** (-2.5680)	-0.8396* (-1.7877)
$R\&D_t$	9.3347*** (15.1132)	3.7276*** (6.0023)	2.5574*** (5.3884)	7.6156*** (13.8727)	4.2085*** (6.8417)	2.6425*** (5.6587)
$Size_t$	0.4847*** (22.8211)	0.4447*** (20.6170)	0.1716*** (9.2988)	0.3748*** (20.4866)	0.4303*** (20.0066)	0.1676*** (9.1980)
Lev_t	0.1828* (1.8911)	0.1988** (1.9638)	0.1005 (1.3547)	0.1137 (1.4962)	0.1660* (1.6849)	0.1042 (1.4115)
ROA_t	2.4420*** (8.7969)	1.6730*** (5.8001)	1.9072*** (7.6296)	1.0479*** (4.6718)	1.1668*** (4.1686)	1.7091*** (6.8785)
$Grow_t$	-0.0160 (-1.0490)	-0.0271* (-1.7284)	-0.0248** (-2.1508)	-0.0194 (-1.6375)	-0.0294* (-1.9265)	-0.0234** (-1.9820)
Cf_t	0.1143 (0.6940)	-0.0257 (-0.1479)	0.2898** (2.2736)	0.2199* (1.6807)	0.0272 (0.1600)	0.3025** (2.3592)
$Top1_t$	-0.2945** (-2.1507)	0.0304 (0.2152)	-0.1018 (-0.8857)	-0.1808 (-1.5873)	0.0530 (0.3821)	-0.0878 (-0.7730)
$Wedge_t$	0.4548* (1.8395)	-0.0710 (-0.2729)	0.1618 (0.7484)	0.4607** (2.2638)	-0.0717 (-0.2811)	0.2043 (0.9444)
$Dual_t$	0.0915** (2.3628)	0.0086 (0.2208)	0.1405*** (3.9951)	0.0596* (1.8982)	0.0061 (0.1602)	0.1404*** (4.0021)
$IndDir_t$	0.3626 (1.0712)	0.3035 (0.9033)	0.3543 (1.2849)	0.3870 (1.3651)	0.3040 (0.9206)	0.3649 (1.3394)
SOE_t	0.1124** (2.4141)	-0.0277 (-0.5838)	0.0024 (0.0610)	0.1170*** (3.1024)	-0.0385 (-0.8293)	0.0029 (0.0720)
GDP_t	-0.3517 (-1.3119)	-0.8254*** (-2.8414)	-0.1504 (-0.7185)	-0.3505 (-1.5378)	-0.6366** (-2.2774)	-0.1555 (-0.7566)
$Citizen_t$	1.8839** (2.1462)	2.3130*** (2.6301)	-1.3211** (-2.0544)	1.4057* (1.9502)	2.2520** (2.5511)	-1.0020 (-1.5797)
$SocInv_t$	0.3977* (1.9482)	0.4096* (1.9503)	0.3023** (2.2263)	0.3135* (1.9146)	0.4495** (2.1821)	0.2881** (2.0654)
$SecInd_t$	2.2699 (1.4759)	1.8477 (1.2211)	-1.6128 (-1.3934)	0.6722 (0.5098)	0.5131 (0.3428)	-1.4559 (-1.2506)

续表

被解释变量	$PatentIA_{t+1}$	$PatentUA_{t+1}$	$PatentDA_{t+1}$	$PatentIG_{t+1}$	$PatentUG_{t+1}$	$PatentDG_{t+1}$
	(1)	(2)	(3)	(4)	(5)	(6)
$ThirdInd_t$	1.3882 (0.8406)	0.0162 (0.0098)	-2.9095** (-2.2455)	-0.6254 (-0.4302)	-1.9532 (-1.1910)	-3.0764** (-2.3372)
Constant	-3.5760 (-0.5045)	10.5850 (1.3595)	4.0930 (0.7197)	0.4931 (0.0821)	7.3281 (0.9801)	4.0074 (0.7154)
Year	控制	控制	控制	控制	控制	控制
Industry	控制	控制	控制	控制	控制	控制
Province	控制	控制	控制	控制	控制	控制
N	18476	18476	18476	18476	18476	18476
Adj. R^2	0.4488	0.4588	0.1635	0.4103	0.4575	0.1596

二、稳健性检验：地方政府债务的敏感性测试

参照伏润民等（2017）的做法，本书对地方政府债务规模增量以地区人口进行平减，并进行对数化处理，构建了地方政府债务的稳健性衡量变量（$GovDebt2_t$）。表 6-13 的结果显示，当采用稳健性变量时，地方政府债务与企业创新的负相关关系保持稳健。

表 6-13　地方政府债务的敏感性测试

被解释变量	$PatentA_{t+1}$	$PatentG_{t+1}$
	(1)	(2)
$GovDebt2_t$	-0.0610* (-1.7260)	-0.0704** (-2.1463)
$R\&D_t$	8.8633*** (12.4048)	8.0641*** (11.9102)
$Size_t$	0.5283*** (22.7619)	0.4800*** (21.5637)
Lev_t	0.0717 (0.6154)	0.0530 (0.4988)
ROA_t	2.9122*** (9.0656)	1.9341*** (6.5197)

续表

被解释变量	$PatentA_{t+1}$	$PatentG_{t+1}$
	(1)	(2)
$Grow_t$	-0. 0463 * * (-2. 5181)	-0. 0420 * * (-2. 4724)
Cf_t	0. 0162 (0. 0856)	0. 0966 (0. 5451)
$Top1_t$	-0. 1603 (-1. 0497)	-0. 0874 (-0. 6031)
$Wedge_t$	0. 3674 (1. 3028)	0. 2884 (1. 0727)
$Dual_t$	0. 1030 * * (2. 4520)	0. 0779 * (1. 9587)
$IndDir_t$	0. 2500 (0. 6779)	0. 2052 (0. 5952)
SOE_t	0. 0141 (0. 2617)	-0. 0179 (-0. 3525)
GDP_t	-0. 6161 * * (-1. 9833)	-0. 6343 * * (-2. 1619)
$Citizen_t$	1. 3249 (1. 3098)	1. 2910 (1. 3777)
$SocInv_t$	0. 5215 * * (2. 3179)	0. 5569 * * * (2. 6899)
$SecInd_t$	2. 7686 (1. 5727)	0. 7584 (0. 4483)
$ThirdInd_t$	1. 2061 (0. 6457)	-2. 2802 (-1. 2429)
Constant	3. 9721 (0. 4790)	8. 0536 (1. 0194)
Year	控制	控制
Industry	控制	控制
Province	控制	控制
N	17578	17578
Adj. R^2	0. 4795	0. 4776

第七节 本章小结

本章立足于地方政府债务的微观经济影响，实证检验了地方政府债务与企业创新之间的关系，研究发现：扩张的地方政府债务规模会对企业创新产生负向影响；这一关系在融资约束高、融资需求大、风险承担能力弱的上市公司尤为明显。进一步研究中，本章讨论了公司治理机制、产权性质、晋升激励和中央巡视对二者之间关系的影响，发现当内部控制弱、机构投资者持股少的时候，地方政府债务的扩张会显著减少企业创新；同国有企业对比，地方政府债务与企业创新的负相关关系在非国有企业中更加显著；地方政府债务对企业创新的负向作用在晋升激励强的地区更加显著；中央巡视对地方政府的财政政策具有监督作用，能够抑制地方政府债务对企业创新的负向影响。

已有研究更多关注地方政府债务与宏观经济增长的关系，却较少关注其对微观企业行为的冲击。本章实证检验了地方政府债务与企业创新之间的关系，主要的政策启示体现在以下两方面：第一，地方政府债务的微观经济后果应受到重视。中国的地方政府债务问题在 1994 年分税制改革之后便已出现，并在 2008 年金融危机之后规模急速扩张。虽然地方政府债务对宏观经济增长具有一定的支持作用，但是地方政府债务扩张所带来的资金使用效率低下、风险攀升、挤出企业部门债务融资等问题十分突出。本章认为后续研究应该着力探讨地方政府债务发行的合理规模，鼓励微观企业建立合理、高效的公司治理体制，有效发挥地方政府债务对于微观企业经营的推动作用。第二，构建完善的政府融资监管体系，降低地方政府债务风险。地方政府扩张性财政政策多以银行信贷支持，虽然能够推动地区经济发展，其风险也通过金融部门传导到整个实体经济。未来对地方政府行为的监管应综合中央行政手段和市场手段，并引入市场机制对地方政府信用进行评级，完善地方政府债务的运用模式，最大限度地降低地方政府债务的潜在风险，发挥地方政府债务对于地区经济的推动作用。

本章参考文献

[1] Amore, M. D., Schneider, C., Žaldokas. A. Credit Supply and Corporate Innovation [J]. Journal of Financial Economics, 2013, 109 (3): 835-855.

[2] Ayyagari, M., Demirguc-Kunt, A., Maksimovic, V. Small vs. Young Firms across the World: Contribution to Employment, Job Creation, and Growth [R]. Working Paper, 2011.

[3] Balsmeier. B., Flemingm, L., Manso, G. Independent Boards and Innovation [J]. Journal of Financial Economics, 2017, 123 (3): 536-557.

[4] Baskaran, T. On the Link between Fiscal Decentralization and Public Debt in OECD Countries [J]. Public Choice, 2010, 145 (3): 351-378.

[5] Cheng, M., Dhaliwal, D., Zhang, Y. Does Investment Efficiency Improve after the Disclosure of Material Weaknesses in Internal Control over Financial Reporting? [J]. Journal of Accounting and Economics, 2013, 56 (1): 1-18.

[6] Chemmanur, T. J., Loutskina, E., Tian, X. Corporate Venture Capital, Value Creation, and Innovation [J]. Review of Financial Studies, 2014, 27 (8): 2434-2473.

[7] Croce, M. M. M., Nguyen, T. T., Raymond, S., Schmid, L. Government Debt and the Returns to Innovation [J]. Journal of Financial Economics, 2019, 132 (3): 205-225.

[8] Demirci, I., Huang, J., Sialm, C. Government Debt and Corporate Leverage: International Evidence [J]. Journal of Financial Economics, 2019, 133 (2): 337-356.

[9] Durnev, A., Kim, E. H. To Steal or not to Steal: Firm Attributes, Legal Environment, and Valuation [J]. Journal of Finance, 2005, 60 (3): 1461-1493.

[10] Francis, J., Smith, A. Agency Costs and Innovation: Some Empirical Evidence [J]. Journal of Accounting and Economics, 1995, 19 (2-3): 383-409.

[11] Hadlock, C. J., Pierce, J. R. New Evidence on Measuring Financial Constraints: Moving beyond the KZ Index [J]. Review of Financial Studies, 2010, 23 (5): 1909-1940.

[12] Holmstrom, B. Agency Costs and Innovation [J]. Journal of Economic Behavior & Organization, 1989, 12 (3): 305-327.

[13] Jiang, X., Yuan, Q. Institutional Investors' Corporate Site Visits and Corporate Innovation [J]. Journal of Corporate Finance, 2018, 48 (1): 148-168.

[14] Krishnamurthy, A., Vissing-Jorgensen, A. The Aggregate Demand for Treasury Debt [J]. Journal of Political Economy, 2012, 120 (2): 233-267.

[15] Liang, Y., Shi, K., Wang, L., Xu, J. Local Government Debt and Firm Leverage: Evidence from China [J]. Asian Economic Policy Review, 2017, 12 (2): 210-232.

[16] Manso, G. Motivating Innovation [J]. Journal of Finance, 2011, 66 (5): 1823-1860.

[17] Mazur, M., Salganik-Shoshan, G., Walker, T., Wang, J. Proximity and Litigation: Evidence from the Geographic Location of Institutional Investors [J]. Journal of Financial Markets, 2018, 40 (4): 60-74.

[18] Mukherjee, A., Singh, M., Zaldokas. A. Do Corporate Taxes Hinder Innovation? [J]. Journal of Financial Economics, 2017, 124 (1): 195-221.

[19] Scherer, F. M. Firm Size, Market Structure, Opportunity and the Output of Patented Inventions [J]. American Economic Review, 1965, 55 (5): 1097-1125.

[20] Schumpeter, J. A. The Theory of Economics [M]. Cambridge: Harvard University Press, 1991.

［21］ Solow，R. M. Technical Change and the Aggregate Production Function［J］. Review of Economics and Statistics，1957，39（3）：312-320.

［22］Sunder，J.，Sunder，S. V.，Zhang，J. Pilot CEOs and Corporate Innovation［J］. Journal of Financial Economics，2017，123（1）：209-224.

［23］Tian，X.，Wang，T. Y. Tolerance for Failure and Corporate Innovation［J］. Review of Financial Studies，2011，27（1）：211-255.

［24］陈菁，李建发．财政分权、晋升激励与地方政府债务融资行为——基于城投债视角的省级面板经验证据［J］. 会计研究，2015（1）：61-67.

［25］范剑勇，莫家伟．地方债务、土地市场与地区工业增长［J］. 经济研究，2014（1）：41-55.

［26］范小云，方才，何青．谁在推高企业债务融资成本——兼对政府融资的“资产组合效应”的检验［J］. 财贸经济，2017（1）：51-65.

［27］伏润民，缪小林，高跃光．地方政府债务风险对金融系统的空间外溢效应［J］. 财贸经济，2017（9）：31-47.

［28］韩健，程宇丹．地方政府债务规模对经济增长的阈值效应及其区域差异［J］. 中国软科学，2018（9）：104-112.

［29］黄健峤，王雅琪，邓祎璐，陈运森．股票市场开放提高企业创新产出水平了吗？——基于陆港通的准自然实验［J］. 会计与经济研究，2020（1）：21-37.

［30］江轩宇．政府放权与国有企业创新——基于地方国企金字塔结构视角的研究［J］. 管理世界，2016（9）：120-135.

［31］康志勇．融资约束，政府支持与中国本土企业研发投入［J］. 南开管理评论，2013（5）：61-70.

［32］梁琪，郝毅．地方政府债务置换与宏观经济风险缓释研究［J］. 经济研究，2019（4）：18-32.

［33］吕健．地方债务对经济增长的影响分析——基于流动性的视角［J］. 中国工业经济，2015（11）：16-31.

［34］马文涛，马草原．政府担保的介入、稳增长的约束与地方政府债务的膨胀陷阱［J］．经济研究，2018（5）：72-87.

［35］毛捷，黄春元．地方债务、区域差异与经济增长——基于中国地级市数据的验证［J］．金融研究，2018（5）：1-19.

［36］毛锐，刘楠楠，刘蓉．地方债务融资对政府投资有效性的影响研究［J］．世界经济，2018（10）：51-74.

［37］缪小林，伏润民．权责分离，政绩利益环境与地方政府债务超常规增长［J］．财贸经济，2015（4）：17-31.

［38］钱先航，曹廷求，李维安．晋升压力，官员任期与城市商业银行的贷款行为［J］．经济研究，2011（12）：72-85.

［39］沈丽，刘媛，刘华军，李文君．地方政府债务风险的空间溢出及其解释——基于关系数据的研究［J］．财政研究，2019（3）：79-92.

［40］王刚刚，谢富纪，贾友．R&D 补贴政策激励机制的重新审视——基于外部融资激励机制的考察［J］．中国工业经济，2017（2）：60-78.

［41］吴健梅，竹志奇．中国债务风险的内生因素分析［J］．财政研究，2018（2）：37-51.

［42］熊琛，金昊．地方政府债务风险与金融部门风险的“双螺旋”结构——基于非线性 DSGE 模型的分析［J］．中国工业经济，2018（12）：23-41.

［43］余明桂，李文贵，潘红波．管理者过度自信与企业风险承担［J］．金融研究，2013（1）：149-163.

［44］余应敏，杨野，陈文川．财政分权、审计监督与地方政府债务风险——基于 2008—2013 年中国省级面板数据的实证检验［J］．财政研究，2018（7）：53-65.

［45］张晖，金利娟．财政分权是影响地方政府债务风险的主要致因吗？——基于 KMV 和空间面板杜宾模型的实证研究［J］．会计与经济研究，2019（1）：116-128.

［46］张会丽，吴有红．内部控制、现金持有及经济后果［J］．会计研究，2014（3）：71-78.

［47］张济建，苏慧，王培．产品市场竞争，机构投资者持股与企业R&D投入关系研究［J］．管理评论，2017（11）：89-97.

［48］张嘉望，彭晖，李博阳．地方政府行为，融资约束与企业研发投入［J］．财贸经济，2019（7）：20-35.

［49］张军，吴桂英，张吉鹏．中国省际物质资本存量估算：1952—2000［J］．经济研究，2004（10）：35-44.

［50］张忆东，李彦霖．地方债务清查及“排雷”风险［R］．兴业证券A股策略报告，2013.

［51］周继军，张旺峰．内部控制、公司治理与管理者舞弊研究——来自中国上市公司的经验证据［J］．中国软科学，2011（8）：141-154.

［52］周美华，林斌，林东杰．管理层权力、内部控制与腐败治理［J］．会计研究，2016（3）：56-63.

第七章

地方政府债务与企业税收规避

第一节 引言

1994年通过的《中华人民共和国预算法》和分税制改革理顺了中央和地方的财政收入分配关系，有力支撑了中国经济社会的长期发展。同时，为了促进基本公共服务均等化、缓解地方政府收支失衡等问题，中国在分税制财政体制改革的基础上，逐步建立了较为规范的转移支付制度（马光荣等，2016；王小龙和余龙，2018）。但是，伴随着中国经济的迅速发展和城镇化进程的快速推进，地方政府的财政收入难以满足大量的资金支出，地方政府贷款收入、债券收入①和地方融资平台的城投债等债务融资方式成为地方政府获取资金的重要手段。为了应对2008年的全球金融危机，中国政府开始实行宽松的货币政策和财政政策，虽然在短期刺激了经济快速复苏，但是金融杠杆率飙升所导致的实体经济过度负债问题却威胁着中国经济的健康发展，金融体系潜在的系统性风险的成因、表现、防范及预警成为学术界研究的焦点。

中国的地方政府债务问题根源于2008年金融危机期间地方政府为刺激经济的大幅举债行为。根据审计署的调查数据，截至2010年底，地方政府债务余额为10.72万亿元，负有偿还责任的债务余额占地方政府综合财力的比重为52.25%，加上负有担保责任的或有债务，债务率为70.45%；到2013年6月，地方政府债务规模已高达17.89万亿元，占全国总债务规模

① 地方政府的债券收入主要包括1998年以来中央政府转贷给地方政府的国债专项资金、2009年以来由财政部代为发行的地方政府债券和2011年以来由试点省份自行发行的地方政府债券。2015年新修订的《中华人民共和国预算法》生效后，地方政府举债只能发行政府债券。

的 59.1%，部分地区债务负担较重①。2013 年国际评级机构穆迪和惠誉先后下调中国主权信用评级，主要理由便是地方政府债务大规模膨胀有引发区域金融风险的可能。为了防范中国经济的系统性金融风险，2013 年 12 月中央经济工作会议强调“要着力防控债务风险，要把防控和化解地方政府债务风险作为经济工作的重要任务”，2015 年 12 月中央经济工作会议进一步强调“要有效化解地方政府债务风险，做好地方政府存量债务置换工作”。

现有关于地方政府债务风险防范的讨论较多从地方政府投融资平台的剥离（刘骅和卢亚娟，2016）、地方政府债券的“自发自还”（朱莹和王健，2018）、债务期限结构调整（梁琪和郝毅，2019）等视角展开，试图从制度设计层面缓解地方政府债务压力。但是，上述措施从出台到产生效果是一个长期的过程，从短期来看，通过加强税收征管努力程度来提升地方政府自有财力是降低地方政府债务规模的有效措施（陈晓光，2016；王小龙和余龙，2018）。基于此，本章提出了地方政府债务与企业税收规避这个命题，希望从企业的视角，探讨地方政府债务的微观经济影响。特别地，由于地方国有企业同地方政府存在着天然的产权联系，地方政府降低地方政府债务规模的政策目标将对地方国有企业的经营行为构成直接影响（郭敏等，2020），因此，本章的研究样本集中于对地方国有企业的讨论。

实证结果表明，税收是地方政府储备“预防性自有财力”的有效方式，地方政府债务规模的扩大会减少地方国有企业的税收规避行为。但是，地方国有企业金字塔层级的增加会弱化地方税收征管强度，抑制地方政府债务规模扩张对企业税收规避行为的负向影响。中介效应检验证实地方政府债务上升会导致地区税收征管粘性变大，最终减少了企业的税收规避行为。进一步地，本章发现地方政府债务规模扩张对企业税收规避行为的负向影响在晋升激励较强的地区、法律执行效率较高的地区、政策性负担较轻的地方国有企业组更加显著。

---

① 详见《全国政府性债务审计结果》，2013 年第 32 号文件。

本章将宏观层面的政府债务决策与微观层面的企业税收行为相联系，研究贡献主要体现在以下几个方面：第一，探索了地方政府债务的估算方法。传统对于地方政府债务的讨论较多集中于地方政府投融资平台所产生的城投债及其隐藏的风险（刘骅和卢亚娟，2016；文雪婷和冯明，2017；朱莹和王健，2018；徐军伟等，2020；钟宁桦等，2021），但是从广义上讲，地方政府债务应该包括政府负有偿还责任、担保责任和可能承担一定救助责任的各类债务，将地方政府债务单纯聚焦于城投债难以完整衡量地方政府债务风险。2014 年 9 月，《国务院关于加强地方政府性债务管理的意见》中明确指出“剥离融资平台公司政府融资职能，融资平台公司不得新增政府债务”。并且从 2015 年 1 月 1 日新修订的《中华人民共和国预算法》生效开始，地方政府举债只能发行政府债券。如何评估地方政府债务规模，成为开展研究的关键点。借鉴吕健（2015）、刘欢等（2020）提出的固定资产投资恒等式，本章以更科学、合理的方法匡算了地方政府债务规模，为后续相关研究奠定了良好的基础。第二，丰富了宏观经济政策与微观企业行为的研究内容。本章着眼于地方政府债务这一宏观经济因素，讨论了其与地方国有企业税收规避行为的关系，发现地方政府债务规模扩张抑制了企业税收规避行为，并从地方政府更强的税收征管、地方国有企业社会性角色的履行两个视角进行论证。本章的研究结论揭示了地方政府债务影响企业财务行为的内在逻辑，丰富了宏观经济政策与微观企业行为的研究内容。第三，深化了企业税收规避行为影响因素的讨论。已有研究从政策不确定性（Katz and Owen，2013；陈德球等，2016）、财政转移支付的不确定性（王小龙和余龙，2018）、政府规模（马光荣和李力行，2012）等视角讨论了企业的税收规避行为。本章立足于地方政府债务攀升的现实状况，从一个崭新的角度讨论了地方国有企业税收规避行为的影响因素，能够为地方政府治理企业税收规避、改善地区制度环境提供理论依据和实践指导。

本章接下来的结构安排如下：第二节，理论分析与研究假设；第三节，研究设计；第四节，实证回归结果；第五节，进一步研究；第六节，稳健性检验；第七节，本章小结。

第二节　理论分析与研究假设

一、地方政府债务与企业税收规避

2008 年金融危机爆发后，凭借庞大的财政刺激计划，中国在全球率先实现经济复苏，维持了经济社会的高速发展。但是，以银行信贷为支撑的地方政府债务规模扩张导致地区金融风险急剧攀升。防范和化解地方政府债务风险，降低实体经济杠杆成为政府和学术界关注的热点问题。

从地方政府债务扩张的原因来看，陈菁和李建发（2015）、缪小林和伏润民（2015）从财政分权、晋升激励、地方政府债务的权责分离等视角进行了解释，并从优化财政分权体制、完善政府财务报告体系等方面提出了治理地方政府债务超常规增长的制度措施。但是，随着实体经济部门债务的上升，地方政府债务潜在风险暴露所导致的系统性金融风险问题得到了格外关注（马建堂等，2016；毛锐等，2018）。朱太辉（2019）认为中国实体经济高债务与金融体系高风险并存，实体经济高杠杆已成为当前中国宏观金融脆弱性的总根源。因此，实体经济去杠杆与金融体系防风险具有内在统一性，关键在于提高债务利用率、优化资金配置结构。为了解决地方政府存量债务问题，2015 年财政部提出了地方政府债务置换的策略，试图降低地方政府债务成本，但是梁琪和郝毅（2019）却发现债务置换虽然可以缓解债务累积问题，但是也降低了财政政策的有效性，带来了经济通胀风险。

地方财政收支的稳定性是地区经济健康发展的重要基础，特别是在实体经济债务高企所引致的系统性金融风险加速暴露的宏观背景下，在长期制度建设的基础上，竭力在短期内提升地方政府财政收入是降低地方政府债务风险更直接的办法。Mendoza 和 Oviedo（2006）提出了财政收入波动和地方政府预防性储蓄的正相关关系，认为在财政收入稳定性预期较低时，地方政府应该增加预防性储蓄。在中国，地方政府财力可以分成中央转移支付形成的非自有财力和通过税收征管、土地出让、国有资产转让等方式获得的自有财力两个部分（陈晓光，2016）。高培勇（2006）指出中国存在巨大的税收征管空间，理论应征税额和实际征收税额之间的差距使得税务部门有能力通过加强税收征管实现税收增长，弥补自有财力（Agénor and Aizenman，2010；王小龙和余龙，2018）。

从政府的视角出发，随着地方政府债务规模的持续扩张，以及可预期财政收入波动的增加，地方政府将面临较大的财政压力，而地方政府对于地方税收具有较大的“自由裁量权”，因而有动机通过对企业加强税收征管以及提高税收稽查力度储备自有财力，缓释地方政府债务违约风险。税收征管强度会提高企业税收规避的难度，而税收稽查力度增加将导致企业税收规避的成本大幅上升（陈德球等，2016），都会导致企业税收规避的可能性下降。

从地方国有企业的角度来看，相对于非国有企业和中央国有企业，地方国有企业同地方政府的联系更为密切。“盈利性使命”和“公共性使命”的双重任务使得地方国有企业在追求利润最大化的同时，还要承担相应的社会性角色（黄群慧和余菁，2013）。地方政府债务规模扩张造成的偿债压力导致区域金融风险叠加，地方国有企业作为维持区域经济稳健发展的重要推动力，天然地承担起缓释地区金融风险的政策性目标。此时，地方国有企业社会性角色的履行，将促使其主动减少税收规避行为，帮助地方政府提升自有财力，降低地方政府债务的违约风险。

基于此，本章提出第一个研究假设：

H1：地方政府债务规模扩张会对地方国有企业的税收规避行为产生负向影响。

二、金字塔结构、地方政府债务与企业税收规避

金字塔形式的组织结构在全球范围内普遍存在，尤其是投资者保护较差的国家（La Porta et al.，1999）。中国的国有企业改革是一个逐渐减少

政府干预的过程（Qian，1996；Wu，2009），政府放权使金字塔结构逐渐成为我国地方国有企业的主要组织形式之一。Fan 等（2013）认为，金字塔结构增加了地方政府从下级企业获取及时、有效信息的成本（Aghion and Tirole，1997），是一种不需要转移控制权即可以实现权力下放的组织结构，并且这种地方政府对企业放权承诺的可信性相对较高。地方政府债务规模扩大导致其对地方国有企业的干预意愿增强，金字塔结构是一种减少政府对地方国有企业干预的有效手段。刘行和李小荣（2012）、Zhang 等（2016）印证了地方国有企业金字塔层级链长度与企业实际有效税率负相关的观点。

从企业发展来看，地方国有企业同时肩负着政治目标和经济目标，随着金字塔层级链的延长，地方政府对企业的干预程度降低，地方国有企业的发展目标也随之侧重于经济目标，这使得企业的风险承担意愿增强（苏坤，2016）。加之，企业的市场化运营导致管理层考核标准更加市场化，Gu 等（2010）研究发现，地方国有企业金字塔结构的层级链越长，管理者的薪酬水平以及薪酬—业绩敏感性越高。Chyz 和 Gaertner（2017）认为税收支付是以牺牲税后现金流为代价的，虽然税收规避会增加管理者的政治和声誉成本，以及被监管机构处罚的概率，但是支付较多税收的管理者更可能发生强制离职。因此，管理层出于稳固职位的目的也乐于采用税收规避的方式为企业谋取收益。可以预期，尽管地方政府债务规模扩大会减少地方国有企业的税收规避行为，但是较长的金字塔层级链能够帮助地方国有企业有效规避地方政府的监管，抑制地方政府债务与企业税收规避之间的负向关系。

基于此，本章提出第二个假设：

H2：地方国有企业的金字塔层级能够抑制地方政府债务与企业税收规避的负向关系。

第三节 研究设计

一、样本选择和数据来源

本章以2007—2016年沪深两市A股上市公司中的地方国有企业作为初始研究样本。在初始样本的基础上，按照如下原则对数据进行了筛选：①剔除金融行业上市公司样本；②剔除ST上市公司样本；③剔除实际所得税率异常（小于0或者大于1）的上市公司样本；④剔除税前利润小于0的上市公司样本；⑤剔除相关变量存在缺失值的上市公司样本。为了消除极端值的影响，本章对所有连续变量按1%和99%水平进行了缩尾处理。本章地方政府债务计算涉及数据来源于《中国统计年鉴》以及《中国国土资源统计年鉴》，国内生产总值（Gross Domestic Product，GDP）等宏观经济控制变量数据来源于中经网统计数据库，名义所得税率数据来源于Wind数据库，金字塔层级数据为手工整理，其他数据均来源于CSMAR数据库。

二、变量定义

（一）企业税收规避

税收规避的衡量指标主要包括两类：第一类是企业实际所得税率及其变体；第二类是会计—税收差异及其变体（刘行和叶康涛，2013），本章同时采用以上两类指标，以保证研究结论的稳健性。

具体而言，第一类税收规避指标借鉴Chen等（2010）、陈德球等（2016）的做法，采用名义所得税率与实际所得税率的差额衡量，记为*ETR_Diff*。其中，实际所得税率为当期所得税费用与税前总利润的比值，当期所得税费用为总的所得税费用与递延所得税费用的差值。*ETR_Diff*值越大，代表企业名义所得税率超过实际所得税率越多，企业税收规避的可能性越大。

第二类税收规避指标有两种计算方式，首先是会计—税收差异（BTD），计算公式为 BTD=（税前会计利润-应纳税所得额）/总资产，其中，应纳税所得额=（所得税费用-递延所得税费用）/名义所得税率；其次借鉴 Desai 和 Dharmapala（2006）的做法，采用扣除应计利润影响后的会计—税收差异（DD_BTD）衡量企业的税收规避程度。计算公式如下：

$$BTD_{i,t}=\alpha TACC_{i,t}+\mu_i+\varepsilon_{i,t} \tag{7-1}$$

其中，$TACC_{i,t}$为总应计利润，即（净利润-经营活动产生的净现金流）/总资产，μ_i 为企业税收差异的固有特征部分，$\varepsilon_{i,t}$为企业税收差异的变动特征部分，DD_BTD 为 μ_i 与 $\varepsilon_{i,t}$ 二者之和，代表 BTD 中不能被总应计利润解释的部分。BTD 和 DD_BTD 值越大，代表企业税收规避的动机越强。

（二）地方政府债务

借鉴吕健（2015）、刘欢等（2020）估算地方政府债务规模的方法，根据地方政府债务的固定资产恒等式，地方政府在市政领域的固定资产投资金额与地方政府自有可用投资金额的差额，即是地方政府需要通过负债来弥补的资金缺口。具体计算公式如下：

地方政府新增债务规模
=地方政府市政领域固定资产投资总额（UI）-
地方政府自有可用资金（PR）
=地方政府市政领域固定资产投资总额（UI）-
公共财政预算内的投资资金（BG）-
公共财政预算外土地出让收益中用于投资的资金（LA）-
地方政府在市政领域投资项目的盈利现金流入（CA）
（7-2）

公式（7-2）中各项指标具体含义如下：第一，地方政府市政领域固定资产投资总额（UI）：根据国家统计局的分类标准，以下 7 个行业属于市政领域投资范围：电力、燃气及水的生产和供应业；交通运输、仓储和邮政业；水利、环境和公共设施管理业；科学研究、技术服务和地质勘探业；教育；卫生、社会保障和社会福利业；公共管理和社会组织。由于以上行业的固定资产投资主要由地方政府承担，因此，本章将各地区当期上述 7 个领域的固定资产投资之和作为各地区当期地方政府市政领域固定资产投资总额。第二，公共财政预算内的投资资金（*BG*）：本章以各地区当期全社会固定资产投资中，国家预算内资金投资于上述 7 个领域的金额，作为各地区当期公共财政预算内的投资资金。第三，公共财政预算外土地出让收益中用于投资的资金（*LA*）：大部分地方政府预算内收入主要用于经常性项目开支，仅有大约 10%用于资本性项目开支（张忆东和李彦霖，2013）。各地区当期土地出让收益扣除相关必要开支后的土地出让纯收益是地方政府基础建设重要的资金来源，因而本章以土地出让纯收益衡量公共财政预算外土地出让收益中用于投资的资金。第四，地方政府在市政领域投资项目的盈利现金流入（*CA*）：每年大约 50%的资金投入到盈利性项目中，包括电力、热力、水、道路建设等，另外 50%的资金投入到社会保障福利、科学研究、水利环境等非营利性项目中。整体而言，政府投资项目维持零利润，因此，地方政府投资项目的盈利现金流入仅来源于固定资产折旧。借鉴张军等（2004）的方法估算每个省当年的折旧率，再乘以上一年度市政领域固定资产投资总额得到折旧额，以此作为地方政府在市政领域投资项目的盈利现金流入。

本章将地方政府债务规模增量记为 *GovDebt*，为消除规模效应的影响，以地区 GDP 进行平减。

（三）金字塔层级

借鉴刘行和李小荣（2012）、Fan 等（2013）、Zhang 等（2016）的做法，金字塔结构的层级数为最终控制人与上市公司之间的层级数，记为 *Layer*。当最终控制人直接控制上市公司时，*Layer* 取值为 1，当最终控制人与上市公司之间存在一个中间控制人时，*Layer* 取值为 2，以此类推。

（四）控制变量

借鉴以往研究（吕健，2015；陈德球等，2016）并结合本章的研究问题，本章选择以下变量作为控制变量：企业规模、财务杠杆、盈利能力、成长能力、有形资本密集度、无形资本密集度、存货密集度、信息透明度、企业年龄、地区经济状况、城镇化率、第二产业占比，以及第三产业占比。此外，本章还控制了年度和行业效应。各变量的具体定义如表 7-1 所示。

表 7-1 变量定义

变量符号	变量名称	计算方法
ETR_Diff	税收规避	名义所得税率与实际所得税率的差额
BTD		会计-税收差异
DD_BTD		扣除应计利润影响后的会计-税收差异
GovDebt	地方政府债务	地方政府债务与 GDP 的比值，具体算法参见正文和公式（7-2）
Layer	金字塔层级	最终控制人到样本企业金字塔结构的层级数
Size	企业规模	总资产的自然对数
Lev	财务杠杆	总负债与总资产的比值
ROA	盈利能力	净利润与总资产的比值
MB	成长能力	市场价值与账面价值的比值
FixA	有形资本密集度	固定资产净值与总资产的比值
IntA	无形资本密集度	无形资产净值与总资产的比值
InvA	存货密集度	存货净值与总资产的比值
DA	信息透明度	修正琼斯模型计算的可操纵性应计利润的绝对值
Age	企业年龄	上市年限加 1 取自然对数
GDP	地区经济状况	企业所在地区人均 GDP 的自然对数
Citizen	城镇化率	企业所在地区城镇人口占总人口数的比重
SecInd	第二产业占比	企业所在地区第二产业增加值占地区 GDP 的比重
ThirdInd	第三产业占比	企业所在地区第三产业增加值占地区 GDP 的比重

三、模型设定

（一）地方政府债务与企业税收规避

为了检验地方政府债务与企业税收规避之间的关系，本章构建如下回归模型：

$$TA_{t+1} = \beta_0 + \beta_1 GovDebt_t + \beta_2 Size_t + \beta_3 Lev_t + \beta_4 ROA_t + \beta_5 MB_t + \beta_6 FixA_t + \beta_7 IntA_t + \beta_8 InvA_t + \beta_9 DA_t + \beta_{10} Age_t + \beta_{11} GDP_t + \beta_{12} Citizen_t + \beta_{13} SecInd_t + \beta_{14} ThirdInd_t + \sum Year + \sum Industry + \varepsilon_t \quad (7-3)$$

上述回归模型中，TA_{t+1} 为企业税收规避的程度，采用 ETR_Diff_{t+1}、BTD_{t+1}、DD_BTD_{t+1} 三种方法衡量，$GovDebt_t$ 为采用固定资产投资方法计算得到的新增地方政府债务规模。根据本章的假设 1，预期地方政府债务（$GovDebt_t$）的回归系数 β_1 显著为负，即随着地方政府债务规模的扩大，地方国有企业的税收规避行为会减少。

（二）金字塔结构、地方政府债务与企业税收规避

为了进一步检验地方国有企业金字塔结构对地方政府债务与企业税收规避之间关系的影响，本章在模型（7-3）的基础上依次加入金字塔层级以及地方政府债务与金字塔层级的交乘项，构建如下回归模型：

$$TA_{t+1} = \beta_0 + \beta_1 GovDebt_t + \beta_2 GovDebt_t \times Layer_t + \beta_3 Layer_t + \beta_4 Size_t + \beta_5 Lev_t + \beta_6 ROA_t + \beta_7 MB_t + \beta_8 FixA_t + \beta_9 IntA_t + \beta_{10} InvA_t + \beta_{11} DA_t + \beta_{12} Age_t + \beta_{13} GDP_t + \beta_{14} Citizen_t + \beta_{15} SecInd_t + \beta_{16} ThirdInd_t + \sum Year + \sum Industry + \varepsilon_t \quad (7-4)$$

在模型（7-4）中，地方政府债务与金字塔层级交乘项（$GovDebt_t \times Layer_t$）的回归系数 β_2 是本章关注的重点，根据本章的假设 2，预期 β_2 显著为正，即地方国有企业的金字塔结构抑制了地方政府债务与企业税收规

避之间的负相关关系。

第四节　实证回归结果

一、描述性统计

表 7-2 列示了主要变量的描述性统计。对于税收规避的衡量指标，*ETR_Diff* 的均值为-0.0363，中位数为-0.0131，说明大部分样本企业的名义所得税率小于实际所得税率，近年来，我国地方国有企业的税收规避现象有所减少。*BTD*、*DD_BTD* 的均值分别为-0.0001和0，中位数分别为-0.0020和-0.0016，这是由于我国的税法认定相对严格，导致大部分企业的应纳税所得额高于会计利润（刘行和叶康涛，2013）。地方政府债务 *GovDebt* 的均值为0.0646，说明平均来看，中国每年新增地方政府债务占GDP的比重在6.5%左右，值得引起各界的高度关注。金字塔层级 *Layer* 的中位数为2，最小值为1，最大值为11，说明不同地方国有企业的金字塔层级数差异较大，政府对大部分地方国有企业的放权程度仍相对较小。

表 7-2　描述性统计

变量	样本量	均值	标准差	最小值	25 分位数	中位数	75 分位数	最大值
ETR_Diff_{t+1}	4310	-0.0363	0.1604	-0.6243	-0.0872	-0.0131	0.0507	0.2500
BTD_{t+1}	4574	-0.0001	0.0391	-0.1360	-0.0152	-0.0020	0.0114	0.1664
DD_BTD_{t+1}	4566	0.0000	0.0381	-0.1195	-0.0155	-0.0016	0.0118	0.1628
$GovDebt_t$	5920	0.0646	0.0430	-0.0840	0.0366	0.0602	0.0853	0.2791
$Layer_t$	5920	2.5008	0.8844	1	2	2	3	11
$Size_t$	5920	22.2766	1.2335	19.7131	21.3862	22.1340	23.1015	25.3837
Lev_t	5920	0.5264	0.1967	0.0958	0.3778	0.5397	0.6739	0.9849
ROA_t	5920	0.0309	0.0543	-0.2061	0.0094	0.0282	0.0553	0.1882
MB_t	5920	1.6271	1.4634	0.1940	0.6734	1.2064	2.0444	8.7766

续表

变量	样本量	均值	标准差	最小值	25 分位数	中位数	75 分位数	最大值
$FixA_t$	5920	0. 2809	0. 1935	0. 0024	0. 1215	0. 2527	0. 4147	0. 7837
$IntA_t$	5920	0. 0581	0. 0823	0. 0000	0. 0131	0. 0330	0. 0669	0. 5458
$InvA_t$	5920	0. 1675	0. 1659	0. 0000	0. 0512	0. 1207	0. 2231	0. 7627
DA_t	5920	0. 0629	0. 0664	0. 0007	0. 0195	0. 0423	0. 0799	0. 3599
Age_t	5920	2. 4888	0. 5270	0. 6931	2. 3026	2. 6391	2. 8332	3. 1781
GDP_t	5920	10. 6505	0. 5545	8. 8414	10. 3008	10. 6312	11. 1030	11. 6532
$Citizen_t$	5920	0. 5894	0. 1602	0. 2150	0. 4675	0. 5560	0. 6705	0. 8960
$SecInd_t$	5920	0. 4667	0. 0823	0. 1926	0. 4408	0. 4854	0. 5203	0. 6150
$ThirdInd_t$	5920	0. 4474	0. 1089	0. 2860	0. 3740	0. 4156	0. 4791	0. 8023

二、回归分析

（一）地方政府债务与企业税收规避

表 7-3 列示了地方政府债务与企业税收规避的回归结果，可以看到，不论采用哪种方法对企业税收规避进行衡量，地方政府债务（$GovDebt_t$）的回归系数均在 5%的水平上显著为负，说明地方政府债务规模扩张会导致地方国有企业税收规避行为减少，假设 1 得证。控制变量中，成长能力、有形资本密集度、城镇化率的回归系数均显著为正，而存货密集度与企业税收规避显著负相关，也就是说，成长性强、有形资本多，以及处于城镇化水平较高的地区企业税收规避的动机更强，而存货较多的企业进行税收规避的可能性则会相对较小。

分税制改革优化了中央与地方之间的财政收入分配结构，但是，在地方政府偿债压力持续较高的背景下，如何缓解地方资金压力、降低地方政府债务风险成为政府部门关注的重要问题。税收是地方政府增加“预防性自有财力”的主要方式之一，自然成为维持地方财政收支平衡的有效工具。

表 7-3 地方政府债务与企业税收规避

被解释变量	ETR_Diff_{t+1}	BTD_{t+1}	DD_BTD_{t+1}
	(1)	(2)	(3)
$GovDebt_t$	-0.2707** (-2.3539)	-0.0498** (-2.2469)	-0.0527** (-2.4836)
$Size_t$	0.0005 (0.1384)	-0.0004 (-0.4847)	-0.0004 (-0.4678)
Lev_t	-0.0308 (-1.1678)	-0.0041 (-0.7302)	-0.0042 (-0.7769)
ROA_t	0.1559** (2.0459)	-0.0048 (-0.2321)	-0.0040 (-0.1959)
MB_t	0.0123*** (4.4029)	0.0023** (2.4668)	0.0019** (2.0700)
$FixA_t$	0.0556** (2.4460)	0.0062 (1.1294)	0.0146*** (2.7270)
$IntA_t$	-0.0054 (-0.1399)	-0.0079 (-0.9083)	-0.0003 (-0.0317)
$InvA_t$	-0.1129*** (-3.6352)	-0.0229*** (-3.1780)	-0.0198*** (-2.8585)
DA_t	0.0490 (1.1938)	0.0029 (0.2596)	0.0004 (0.0319)
Age_t	-0.0032 (-0.5591)	0.0016 (1.0872)	0.0017 (1.1618)
GDP_t	-0.0172 (-0.7263)	-0.0036 (-0.6669)	-0.0046 (-0.8630)
$Citizen_t$	0.1223* (1.7833)	0.0302* (1.7896)	0.0342** (2.0809)
$SecInd_t$	0.0022 (0.0137)	0.0087 (0.2535)	0.0094 (0.2855)
$ThirdInd_t$	-0.0482 (-0.2981)	-0.0206 (-0.5790)	-0.0225 (-0.6559)
Constant	0.1506 (0.7357)	0.0445 (0.9391)	0.0509 (1.1049)
Year	控制	控制	控制
Industry	控制	控制	控制
N	4310	4574	4566
Adj. R^2	0.0789	0.0572	0.0668

注：***、**、*分别表示在1%、5%和10%的水平上显著；回归系数的标准误已在公司维度上进行聚类调整（下同）。

（二）金字塔结构、地方政府债务与企业税收规避

为了验证金字塔结构对地方政府债务与企业税收规避之间关系的影响，我们在主回归中引入金字塔层级以及地方政府债务与金字塔层级的交乘项，回归结果见表 7-4。根据表中结果，地方政府债务与金字塔层级交乘项（*GovDebt×Layer*）的回归系数显著为正，表明较多的地方国有企业金字塔层级会抑制地方政府债务与企业税收规避之间的负向关系，印证了本章的假设 2。

传统金字塔结构的讨论较多关注其对公司内部代理成本、企业风险承担水平的影响（Shleifer and Vishny，1997；李维安和韩忠雪，2013；苏坤，2016），本章证实了金字塔结构对于地方政府税收征管强度的弱化作用，从一个崭新的角度论证了金字塔结构的经济后果，也为后续中国制度背景下国有企业公司治理机制改革提供了新的值得思考的话题。

表 7-4　金字塔结构、地方政府债务与企业税收规避

被解释变量	ETR_Diff_{t+1}	BTD_{t+1}	DD_BTD_{t+1}
	(1)	(2)	(3)
$GovDebt_t$	-0.7217*** (-2.8303)	-0.1853*** (-3.3982)	-0.1800*** (-3.4038)
$GovDebt_t \times Layer_t$	0.1776** (1.9921)	0.0541*** (2.8301)	0.0508*** (2.7174)
$Layer_t$	-0.0048 (-0.8281)	-0.0032** (-2.5197)	-0.0029** (-2.2810)
$Size_t$	0.0010 (0.2641)	-0.0003 (-0.3476)	-0.0003 (-0.3323)
Lev_t	-0.0281 (-1.0771)	-0.0037 (-0.6649)	-0.0038 (-0.7092)
ROA_t	0.1608** (2.1158)	-0.0056 (-0.2693)	-0.0046 (-0.2267)
MB_t	0.0125*** (4.4818)	0.0023** (2.4515)	0.0019** (2.0582)

续表

被解释变量	ETR_Diff_{t+1}	BTD_{t+1}	DD_BTD_{t+1}
	(1)	(2)	(3)
$FixA_t$	0.0566** (2.5285)	0.0060 (1.1032)	0.0144*** (2.7196)
$IntA_t$	-0.0095 (-0.2453)	-0.0084 (-0.9435)	-0.0008 (-0.0894)
$InvA_t$	-0.1127*** (-3.6536)	-0.0236*** (-3.2990)	-0.0204*** (-2.9658)
DA_t	0.0483 (1.1791)	0.0023 (0.2052)	-0.0002 (-0.0189)
Age_t	-0.0034 (-0.5766)	0.0018 (1.1887)	0.0018 (1.2498)
GDP_t	-0.0188 (-0.7816)	-0.0037 (-0.6889)	-0.0047 (-0.8891)
$Citizen_t$	0.1220* (1.7683)	0.0295* (1.7387)	0.0336** (2.0337)
$SecInd_t$	-0.0153 (-0.0978)	0.0060 (0.1751)	0.0067 (0.2035)
$ThirdInd_t$	-0.0544 (-0.3373)	-0.0183 (-0.5149)	-0.0206 (-0.6014)
Constant	0.1781 (0.8617)	0.0513 (1.0921)	0.0573 (1.2554)
Year	控制	控制	控制
Industry	控制	控制	控制
N	4310	4574	4566
Adj. R^2	0.0806	0.0590	0.0683

（三）基于税收征管粘性的中介效应分析

成本粘性表现为业务量变化与成本变化之间的一种非对称关系，Anderson 等（2003）提出成本粘性的概念，是指业务量上升时成本增加的幅度大于业务量下降时成本减少的幅度。已有研究表明，调整成本、管理者乐观预期，以及代理问题都是导致成本粘性存在的原因

（Chen et al. ，2012；Banker et al. ，2013，2014）。类比成本粘性的概念，企业利润增加时税收支出增加的速度高于企业利润减少时税收支出减少的速度，则存在税收征管粘性。但是，与成本支出不同，企业的税收行为与政府税收政策及征管制度密切相关，仅从企业视角对这一问题进行考量显然是不全面的，因此，本章将地方政府债务纳入讨论框架。

地方政府债务的不断累积增加了地方财政压力，为了保持地方财政收支平衡，地方政府可能加强税收征管，从而导致企业税收规避空间缩小，表现为税收征管粘性。王百强等（2018）研究发现，企业纳税支出粘性在我国上市公司中普遍存在，并且地方财政压力越大时，这种现象越明显。较高的税收征管粘性是由于地方政府加强税收征管、提高税收稽查力度导致，会显著提高企业税收规避被发现且受到处罚的概率，提升企业的避税成本，降低企业进行税收规避的意愿。由此我们认为，税收征管粘性可能是地方政府债务影响企业税收规避的中间路径。

基于以上分析，本章构建如下回归模型，检验税收征管粘性是否为地方政府债务影响企业税收规避的中介机制：

$$TS_{t+1}=\alpha_0+\alpha_1 GovDebt_t+\alpha_2 Size_t+\alpha_3 Lev_t+\alpha_4 ROA_t+\alpha_5 MB_t+\alpha_6 FixA_t+\alpha_7 IntA_t+\alpha_8 InvA_t+\alpha_9 DA_t+\alpha_{10} Age_t+\alpha_{11} GDP_t+\alpha_{12} Citizen_t+\alpha_{13} SecInd_t+\alpha_{14} ThirdInd_t+\sum Year+\sum Industry+\varepsilon_t \tag{7-5}$$

$$TA_t=\delta_0+\delta_1 TS_t+\delta_2 Size_t+\delta_3 Lev_t+\delta_4 ROA_t+\delta_5 MB_t+\delta_6 FixA_t+\delta_7 IntA_t+\delta_8 InvA_t+\delta_9 DA_t+\delta_{10} Age_t+\delta_{11} GDP_t+\delta_{12} Citizen_t+\delta_{13} SecInd_t+\delta_{14} ThirdInd_t+\sum Year+\sum Industry+\varepsilon_t \tag{7-6}$$

模型（7-5）检验地方政府债务对税收征管粘性的影响，模型（7-6）进一步检验税收征管粘性是否会影响企业税收规避。为了验证税收征管粘性是地方政府债务影响企业税收规避的中介变量，根据 Sobel（1982）的方法，我们检验模型（7-5）和模型（7-6）中的回归系数 $\alpha_1 \times \delta_1$ 是否显著异于0，如果 $\alpha_1 \times \delta_1$ 显著异于0，则说明中介效应存在。

其中，税收征管粘性的计算参照成本粘性模型（Anderson et al.，2003；孙铮和刘浩，2004），并借鉴已有研究（王百强等，2018）的做法，设定税收征管粘性模型如下：

$$\mathrm{Ln}\left(\frac{Tax_t}{Tax_{t-1}}\right)=\gamma_0+\gamma_1\times\mathrm{Ln}\left(\frac{Profit_t}{Profit_{t-1}}\right)+\gamma_2\times D_{i,t}\times\mathrm{Ln}\left(\frac{Profit_t}{Profit_{t-1}}\right) \tag{7-7}$$

税收支出（*Tax*）为企业的所得税费用减去递延所得税负债增加额，再加上递延所得税资产增加额；企业利润（*Profit*）为企业的利润总额；*D* 为虚拟变量，若企业利润总额比上一年度下降，取值为1，否则取值为0。γ_1 为税收征管弹性，衡量企业利润上升时，税收成本随利润变化的程度；γ_2 表示税收征管粘性，即企业利润减少时，税收成本的变化。根据上述模型，本章分年、省进行回归，提取不同省份的税收成本粘性（*TS*），即系数 γ_2。*TS* 值越大，代表该省份当年的税收征管粘性越大。

表7-5列示了中介效应的回归结果。第（1）列结果显示，地方政府债务与地区税收征管粘性显著正相关，即当地方政府债务较多时，较大的偿债压力会促使地区税收征管粘性增加。第（2）到第（4）列为企业税收规避不同衡量方法下，地区税收征管粘性与企业税收规避的回归结果，可以看到，不管采用哪种衡量指标，地区税收征管粘性的回归系数显著为负，说明在税收征管粘性较大的地区，企业税收规避的意愿会有所下降。此外，本章对以上结果进行了 Sobel 检验，得到的 Z 值分别为-1.6749、-2.1151、-3.0538，说明地方政府债务、税收征管粘性与企业税收规避之间存在着显著的中介效应，即地方政府债务通过税收征管粘性对企业税收规避产生影响。

表 7-5 中介效应分析

被解释变量	TS_{t+1}	ETR_Diff_t	BTD_t	DD_BTD_t
	(1)	(2)	(3)	(4)
$GovDebt_t$	3.7331*** (4.3042)			
TS_t		-0.0020* (-1.8515)	-0.0017** (-2.3476)	-0.0013*** (-4.2259)
$Size_t$	0.0029 (0.1243)	-0.0047 (-1.2046)	-0.0041 (-1.5972)	-0.0008 (-0.8735)
Lev_t	-0.0269 (-0.1830)	-0.0147 (-0.5500)	0.0204 (0.7126)	-0.0138** (-2.2389)
ROA_t	0.1154 (0.2115)	1.2543*** (11.4218)	0.3547*** (2.9294)	0.1965*** (5.3837)
MB_t	-0.0200 (-0.9775)	-0.0020 (-0.6072)	0.0016 (0.3573)	-0.0026*** (-2.7096)
$FixA_t$	-0.2221 (-1.3282)	0.0764*** (3.5653)	-0.0077 (-1.0616)	0.0027 (0.5150)
$IntA_t$	-0.7786*** (-2.8721)	-0.0256 (-0.6805)	-0.0278** (-2.4640)	-0.0159** (-2.0057)
$InvA_t$	-0.5467*** (-2.8890)	-0.0989*** (-3.2294)	-0.0687*** (-2.9557)	-0.0442*** (-6.0161)
DA_t	-0.7513** (-1.9856)	0.0043 (0.1107)	0.1312** (2.0081)	0.0176 (1.4448)
Age_t	0.0941** (2.1183)	0.0029 (0.5138)	0.0064** (2.0246)	0.0039*** (2.6334)
GDP_t	0.4285*** (4.0930)	-0.0068 (-0.3073)	0.0072 (0.8253)	0.0044 (0.8062)
$Citizen_t$	3.1177*** (6.8911)	0.0603 (0.7869)	0.0197 (0.7838)	0.0233 (1.1833)
$SecInd_t$	-7.5813*** (-5.6478)	0.0963 (0.5415)	-0.0433 (-0.5225)	-0.0232 (-0.5468)
$ThirdInd_t$	-7.1621*** (-5.4770)	0.0896 (0.4833)	-0.0740 (-0.8278)	-0.0464 (-1.0320)
Constant	0.3082 (0.2272)	0.0272 (0.1400)	0.0544 (0.8101)	0.0271 (0.5515)

续表

被解释变量	TS_{t+1}	ETR_Diff_t	BTD_t	DD_BTD_t
	(1)	(2)	(3)	(4)
Year	控制	控制	控制	控制
Industry	控制	控制	控制	控制
N	5009	4464	4770	4757
Adj. R^2	0.1035	0.1305	0.0423	0.0984
Sobel 检验（Z 值）		-1.6749*	-2.1151**	-3.0538***

第五节　进一步研究

一、晋升激励、地方政府债务与企业税收规避

中国以 GDP 为导向的政绩竞赛是不断激励地方政府筹集资金，扩大地方政府债务规模的根本原因（吕健，2014；贾俊雪等，2017）。传统观点认为，晋升激励越强，地方官员通过各种方式积累政绩的积极性越高（王芳等，2021），而地方政府债务则为地区经济发展提供了资金保障。但是，2014 年国务院发布的《关于加强地方政府性债务管理的意见》明确提出，“把政府性债务作为一个硬指标纳入政绩考核”，在这样的时代背景下，单纯的地区经济增长已经不符合我国现阶段的发展目标，如何防范化解地方财政金融风险成为对地方官员新的考核要求。因此，可以预期在晋升激励越强的地区，地方政府平衡财政收支、储备“预防性自有财力”的可能性越大，进而推动企业减少避税的意愿更强。

晋升激励（*PS*）借鉴钱先航等（2011）、陈菁和李建发（2015）的做法，通过 GDP 增长率、财政盈余以及失业率三个维度构造晋升压力指数进行衡量。我们按照地理位置，将我国划分为华东、华南、华北、华中、西南、西北和东北七大地区，以人均 GDP 为权重计算各地区所包含省份三个

以上维度的加权平均值。当某省份的 GDP 增长率和财政盈余小于所在地区当年的加权平均值时，取值为 1，否则为 0；当某省份的失业率大于所在地区当年的加权平均值时，取值为 1，否则为 0，将以上三个维度的得分进行加总即得到地方官员晋升压力指数，该指标的取值范围为 0 至 3。考虑到晋升事件的影响具有滞后性，为避免内生性问题，我们取滞后一期值作为本章的研究变量。以此定义晋升激励的分组变量，当晋升压力指数取值为 0 或者 1 时，为晋升激励较弱组，当晋升压力指数取值为 2 或者 3 时，为晋升激励较强组。

表 7-6 报告了晋升激励的分组回归结果。可以看到，地方政府债务与企业税收规避之间的负相关关系仅在晋升激励较强组中显著，说明地方政府债务作为政绩考核的一部分，能够推动地方政府及时加强预防性资金储备，表现为晋升激励越强，地方政府监督企业减少税收规避的意愿越强。

表 7-6 地方政府债务与企业税收规避——晋升激励分组

被解释变量	ETR_Diff_{t+1}		BTD_{t+1}		DD_BTD_{t+1}	
	晋升激励强	晋升激励弱	晋升激励强	晋升激励弱	晋升激励强	晋升激励弱
	(1)	(2)	(3)	(4)	(5)	(6)
$GovDebt_t$	−0.4087** (−2.3032)	−0.1696 (−1.2062)	−0.0646** (−1.9827)	−0.0388 (−1.5574)	−0.0701** (−2.2486)	−0.0376 (−1.5345)
$Size_t$	0.0048 (0.8587)	−0.0021 (−0.4367)	−0.0010 (−0.8095)	0.0007 (0.6471)	−0.0009 (−0.8028)	0.0007 (0.6178)
Lev_t	0.0446 (1.1745)	−0.0884*** (−2.6441)	0.0123 (1.5985)	−0.0164** (−2.1950)	0.0113 (1.5549)	−0.0156** (−2.1532)
ROA_t	0.1512 (1.2064)	0.1535 (1.5449)	−0.0233 (−0.7067)	−0.0032 (−0.1208)	−0.0224 (−0.6953)	−0.0001 (−0.0028)
MB_t	0.0161*** (3.5406)	0.0098*** (2.8624)	0.0015 (0.9795)	0.0029*** (2.7149)	0.0009 (0.6179)	0.0026** (2.4323)
$FixA_t$	0.0828** (2.3699)	0.0345 (1.2606)	0.0138* (1.6496)	−0.0039 (−0.5622)	0.0227*** (2.8085)	0.0043 (0.6486)
$IntA_t$	−0.0114 (−0.1924)	−0.0231 (−0.4684)	−0.0161 (−1.1725)	−0.0110 (−1.0114)	−0.0074 (−0.5457)	−0.0034 (−0.3166)
$InvA_t$	−0.0728 (−1.4842)	−0.1342*** (−3.2008)	−0.0185 (−1.6191)	−0.0255** (−2.5577)	−0.0134 (−1.2444)	−0.0233** (−2.4406)

续表

被解释变量	ETR_Diff_{t+1}		BTD_{t+1}		DD_BTD_{t+1}	
	晋升激励强	晋升激励弱	晋升激励强	晋升激励弱	晋升激励强	晋升激励弱
	(1)	(2)	(3)	(4)	(5)	(6)
DA_t	-0.0274 (-0.4351)	0.0866 (1.6319)	-0.0419** (-2.2652)	0.0251* (1.8568)	-0.0420** (-2.3454)	0.0223* (1.6777)
Age_t	-0.0134 (-1.4023)	0.0027 (0.3885)	-0.0019 (-0.7953)	0.0042** (2.3281)	-0.0021 (-0.9382)	0.0045** (2.4794)
GDP_t	-0.0314 (-0.8516)	-0.0199 (-0.6663)	-0.0122 (-1.5099)	0.0001 (0.0167)	-0.0126 (-1.6405)	-0.0004 (-0.0611)
$Citizen_t$	0.1145 (1.0704)	0.1650* (1.7435)	0.0341 (1.3219)	0.0427* (1.9120)	0.0350 (1.4100)	0.0453** (2.0140)
$SecInd_t$	-0.0871 (-0.4142)	-0.0607 (-0.2709)	-0.0095 (-0.2297)	-0.0144 (-0.2757)	-0.0049 (-0.1267)	-0.0179 (-0.3471)
$ThirdInd_t$	0.0090 (0.0382)	-0.1207 (-0.5369)	0.0136 (0.3044)	-0.0621 (-1.1847)	0.0206 (0.4856)	-0.0670 (-1.2844)
Constant	0.2174 (0.7121)	0.2450 (0.9392)	0.1359* (1.9085)	0.0006 (0.0110)	0.1348** (2.0129)	0.0063 (0.1064)
Year	控制	控制	控制	控制	控制	控制
Industry	控制	控制	控制	控制	控制	控制
N	1843	2407	1997	2509	1991	2507
Adj. R^2	0.0604	0.1033	0.0505	0.0785	0.0650	0.0853

二、法律执行效率、地方政府债务与企业税收规避

较高的法律执行效率意味着较好的地区制度环境，能够帮助地方政府对上市公司的行为施加更有效的监管。La Porta 等（1998）研究表明，国家的司法水平对企业财务行为具有显著影响，当地区法律执行效率较高时，企业税收规避被发现的概率大大提升，这可能导致企业面临巨大的资金损失，以及不可修复的政治和声誉成本（Rego and Wilson，2012）。由此本章认为法律执行效率越高，地方政府监督企业减少税收规避的能力越强，地方政府债务规模扩张对地方国有企业税收规避行为的负向影响得到强化。

借鉴陈德球等（2013b）的做法，法律执行效率（*LawEff*）采用地区律师人数占总人口的比重进行衡量，该指标值越大，代表地区法律执行效率越高。定义法律执行效率的分组变量，当 *LawEff* 大于样本当年中位数时为法律执行效率较高组，否则为法律执行效率较低组。表 7-7 报告了法律执行效率的分组回归结果。可以看到，地方政府债务与企业税收规避之间的负相关关系在法律执行效率较高组中显著，说明法律执行效率越高，地方政府核查企业税收规避的能力越强，有效抑制了地方国有企业的税收规避行为。

表 7-7 地方政府债务与企业税收规避——法律执行效率分组

被解释变量	ETR_Diff_{t+1}		BTD_{t+1}		DD_BTD_{t+1}	
	法律执行效率高	法律执行效率低	法律执行效率高	法律执行效率低	法律执行效率高	法律执行效率低
	(1)	(2)	(3)	(4)	(5)	(6)
$GovDebt_t$	-0.4467** (-1.9923)	-0.1332 (-0.7504)	-0.0723* (-1.9127)	-0.0060 (-0.1759)	-0.0630* (-1.6566)	-0.0124 (-0.3898)
$Size_t$	0.0046 (1.0080)	-0.0024 (-0.3843)	-0.0006 (-0.4773)	0.0007 (0.6986)	-0.0006 (-0.5077)	0.0009 (0.8244)
Lev_t	-0.0672* (-1.9036)	0.0150 (0.3828)	-0.0104 (-1.2993)	0.0056 (0.7971)	-0.0103 (-1.3203)	0.0049 (0.7200)
ROA_t	0.2790** (2.5191)	0.0625 (0.5698)	0.0690** (2.2833)	-0.0652** (-2.5394)	0.0658** (2.2898)	-0.0611** (-2.4444)
MB_t	0.0115*** (2.6088)	0.0139*** (3.8629)	0.0019 (1.3779)	0.0031*** (2.6052)	0.0014 (1.0744)	0.0026** (2.2946)
$FixA_t$	0.0413 (1.4932)	0.0686* (1.8578)	0.0035 (0.4592)	0.0067 (0.8203)	0.0117 (1.5962)	0.0148* (1.9012)
$IntA_t$	-0.0044 (-0.0885)	0.0065 (0.1094)	0.0000 (0.0036)	-0.0113 (-0.9064)	0.0075 (0.6426)	-0.0035 (-0.2905)
$InvA_t$	-0.1174*** (-3.2057)	-0.0815 (-1.4382)	-0.0207** (-2.2854)	-0.0218* (-1.9531)	-0.0169* (-1.9654)	-0.0197* (-1.8155)
DA_t	-0.0425 (-0.7594)	0.1417** (2.4750)	0.0011 (0.0722)	0.0038 (0.2255)	-0.0023 (-0.1592)	0.0020 (0.1227)
Age_t	0.0033 (0.4723)	-0.0104 (-1.0190)	0.0028 (1.3962)	0.0003 (0.1286)	0.0028 (1.4435)	0.0004 (0.1936)

续表

被解释变量	ETR_Diff_{t+1}		BTD_{t+1}		DD_BTD_{t+1}	
	法律执行效率高	法律执行效率低	法律执行效率高	法律执行效率低	法律执行效率高	法律执行效率低
	(1)	(2)	(3)	(4)	(5)	(6)
GDP_t	-0.0395 (-1.1396)	0.0234 (0.5934)	-0.0169** (-1.9733)	0.0063 (0.7583)	-0.0170* (-1.9067)	0.0049 (0.6190)
$Citizen_t$	0.1163 (1.0762)	0.0085 (0.0612)	0.0196 (0.7785)	-0.0004 (-0.0144)	0.0247 (1.0071)	0.0037 (0.1432)
$SecInd_t$	0.3596 (0.9399)	-0.1102 (-0.5433)	0.1510* (1.7093)	-0.0527 (-1.3314)	0.1340 (1.5672)	-0.0483 (-1.2693)
$ThirdInd_t$	0.2386 (0.5964)	-0.2426 (-0.8895)	0.1185 (1.3375)	-0.1334*** (-2.6711)	0.1017 (1.1763)	-0.1259** (-2.5741)
Constant	0.0832 (0.2390)	-0.0557 (-0.1713)	0.0827 (1.0394)	0.0015 (0.0215)	0.0968 (1.1937)	0.0052 (0.0766)
Year	控制	控制	控制	控制	控制	控制
Industry	控制	控制	控制	控制	控制	控制
N	2341	1937	2486	2050	2478	2050
Adj. R^2	0.1092	0.0603	0.0798	0.0610	0.0919	0.0690

三、政策性负担、地方政府债务与企业税收规避

“盈利性使命”和“公共性使命”会促使地方国有企业承担政策性目标。但是，不同地方国有企业的政策性负担存在差别，在政策性负担较重的企业中，管理者的经营压力上升，其承担社会性角色的能力受到抑制（Liao et al.，2009）。相对而言，政策性负担较轻的企业，经营压力小，能够更有效地配合地方政府稳定地区经济发展的宏观目标，通过主动减少税收规避行为，帮助地方政府提升自有财力、降低地方政府债务的违约风险。本章预期，在政策性负担较轻的地方国有企业中，地方政府债务规模扩张对企业税收规避的负向影响更加显著。

借鉴陈德球等（2013a）的做法，政策性负担（*SocialCost*）采用企业员工人数的自然对数衡量，当企业政策性负担大于样本当年中位数时定义

为政策性负担较重组，否则为政策性负担较轻组。表 7-8 列示了地方政府债务与企业税收规避按照政策性负担进行分组的回归结果。可以看到，地方政府债务（*GovDebt*）的回归系数仅在政策性负担较轻组中显著，证实了政策性负担较轻的地方国有企业能够更好地配合地方政府稳定地区经济发展宏观目标的预期。

表 7-8　地方政府债务与企业税收规避——政策性负担分组

被解释变量	ETR_Diff_{t+1}		BTD_{t+1}		DD_BTD_{t+1}	
	政策性负担重	政策性负担轻	政策性负担重	政策性负担轻	政策性负担重	政策性负担轻
	(1)	(2)	(3)	(4)	(5)	(6)
$GovDebt_t$	-0.1964 (-1.1622)	-0.3375** (-2.2995)	-0.0270 (-0.8405)	-0.0730** (-2.4651)	-0.0240 (-0.7829)	-0.0799*** (-2.7731)
$Size_t$	0.0033 (0.6281)	0.0003 (0.0390)	-0.0009 (-0.9279)	0.0015 (0.9138)	-0.0009 (-0.8877)	0.0011 (0.6769)
Lev_t	0.0180 (0.4551)	-0.0468 (-1.4030)	0.0073 (0.8480)	-0.0092 (-1.3856)	0.0065 (0.7742)	-0.0086 (-1.3429)
ROA_t	0.2043 (1.5205)	0.1093 (1.1437)	0.0047 (0.1438)	-0.0020 (-0.0768)	0.0035 (0.1132)	-0.0010 (-0.0401)
MB_t	0.0194*** (4.1748)	0.0089** (2.4842)	0.0023 (1.3477)	0.0033*** (2.9551)	0.0021 (1.2937)	0.0027** (2.4321)
$FixA_t$	0.1075*** (3.4084)	0.0238 (0.7801)	0.0248*** (3.1841)	-0.0049 (-0.6783)	0.0344*** (4.5427)	0.0017 (0.2407)
$IntA_t$	0.0140 (0.2780)	-0.0198 (-0.4039)	0.0155 (1.2826)	-0.0257** (-2.3903)	0.0240** (2.0551)	-0.0194* (-1.8357)
$InvA_t$	-0.0889* (-1.8619)	-0.1329*** (-3.2736)	-0.0196* (-1.6601)	-0.0218** (-2.5199)	-0.0185* (-1.6648)	-0.0182** (-2.1730)
DA_t	0.0702 (1.2398)	0.0120 (0.2102)	-0.0150 (-1.0935)	0.0145 (0.9130)	-0.0146 (-1.1292)	0.0100 (0.6256)
Age_t	-0.0072 (-0.8484)	0.0041 (0.5260)	0.0001 (0.0541)	0.0034* (1.8196)	0.0002 (0.1013)	0.0036* (1.9287)
GDP_t	0.0314 (0.9377)	-0.0828*** (-2.6292)	-0.0015 (-0.1945)	-0.0095 (-1.3219)	-0.0024 (-0.3312)	-0.0099 (-1.3797)
$Citizen_t$	0.0045 (0.0402)	0.2221*** (2.7208)	0.0459* (1.8408)	0.0258 (1.2076)	0.0532** (2.1755)	0.0275 (1.3318)

续表

被解释变量	ETR_Diff_{t+1}		BTD_{t+1}		DD_BTD_{t+1}	
	政策性负担重	政策性负担轻	政策性负担重	政策性负担轻	政策性负担重	政策性负担轻
	(1)	(2)	(3)	(4)	(5)	(6)
$SecInd_t$	-0.0615 (-0.2664)	0.1763 (0.9464)	-0.0377 (-0.7935)	0.0519 (1.2143)	-0.0394 (-0.8499)	0.0533 (1.3072)
$ThirdInd_t$	-0.0602 (-0.2502)	0.1179 (0.6110)	-0.0653 (-1.3550)	0.0157 (0.3462)	-0.0701 (-1.4769)	0.0135 (0.3131)
Constant	-0.4759 (-1.5897)	0.6556** (2.3355)	0.0374 (0.5477)	0.0311 (0.5016)	0.0441 (0.6697)	0.0431 (0.6936)
Year	控制	控制	控制	控制	控制	控制
Industry	控制	控制	控制	控制	控制	控制
N	2212	2095	2325	2245	2323	2239
Adj. R^2	0.0800	0.0967	0.0684	0.0626	0.0853	0.0694

第六节 稳健性检验

一、内生性检验：2SLS 回归

本章主要研究地方政府债务对企业税收规避的影响，理论上讲，微观个体企业的财务行为不会对地方政府的政策制定产生影响，但是本章依然采用两阶段最小二乘法（2SLS）排除可能存在的因果关系。

综合考虑相关性和外生性的要求，本章以地理位置为标准，选取相邻省份的地方政府债务规模（$Neighbor_t$，所有相邻省份地方政府债务与 GDP 比值的平均值）以及地区经济发展水平（$Electric_t$，本省当年的用电量）作为工具变量，从相关性来看，相邻省份的地方政府间存在债务竞争的策略性互动行为（吴小强和韩立彬，2017），相邻省份的地方政府债务越多，本省地方政府债务规模随之增加的可能性越大，同时，经济发展水平越高的地区外部融资压力越小，故经济发展水平与地方政府债务之间呈负相关关系；从外生性来看，相邻省份地方政府债务规模的变化不会对本省企业的税收规避行为产生影响，也没有证据表明本省的经济发展水平与单个企业的税收规避行为存在明显的逻辑关系。相关的统计检验也说明这两个工具变量的选取是合理的。

表 7-9 列示了工具变量法的稳健性测试。根据表中结果，第（1）、第（3）、第（5）列为第一阶段的回归结果，可以看到，不管采用哪种衡量方法，相邻省份的地方政府债务规模（$Neighbor_t$）与本省的地方政府债务规模（$GovDebt_t$）显著正相关，而地区经济发展水平（$Electric_t$）与本省的地方政府债务规模（$GovDebt_t$）显著负相关，与理论上的逻辑关系一致。第（2）、第（4）、第（6）列对应第二阶段的回归结果，地方政府债务拟合值（$\widehat{GovDebt}_t$）的回归系数始终显著为负，即地方政府债务越多，辖区内企业减少税收规避的可能性越大，再次印证了前文的主要结论。

表 7-9 内生性检验：2SLS 回归

被解释变量	$GovDebt_t$	ETR_Diff_{t+1}	$GovDebt_t$	BTD_{t+1}	$GovDebt_t$	DD_BTD_{t+1}
	(1)	(2)	(3)	(4)	(5)	(6)
$\widehat{GovDebt}_t$		-0.5485** (-2.4064)		-0.0916* (-1.6920)		-0.0972* (-1.8526)
$Neighbor_t$	0.3392*** (16.3392)		0.3463*** (17.1518)		0.3465*** (17.1445)	
$Electric_t$	-0.0792*** (-20.7724)		-0.0793*** (-21.2840)		-0.0793*** (-21.2625)	
$Size_t$	0.0007 (1.5980)	0.0008 (0.2966)	0.0007 (1.5652)	-0.0004 (-0.5946)	0.0007 (1.6079)	-0.0003 (-0.5640)
Lev_t	-0.0032 (-1.0927)	-0.0310* (-1.8236)	-0.0028 (-1.0028)	-0.0041 (-1.0155)	-0.0029 (-1.0314)	-0.0042 (-1.0808)
ROA_t	-0.0376*** (-3.6846)	0.1413** (2.3435)	-0.0392*** (-4.0832)	-0.0070 (-0.5020)	-0.0393*** (-4.0831)	-0.0063 (-0.4660)
MB_t	0.0012*** (3.0498)	0.0128*** (5.3320)	0.0012*** (2.9212)	0.0024*** (4.1970)	0.0012*** (2.9335)	0.0020*** (3.5597)

续表

被解释变量	$GovDebt_t$	ETR_Diff_{t+1}	$GovDebt_t$	BTD_{t+1}	$GovDebt_t$	DD_BTD_{t+1}
	(1)	(2)	(3)	(4)	(5)	(6)
$FixA_t$	-0.0079*** (-2.7117)	0.0546*** (3.2369)	-0.0098*** (-3.4558)	0.0060 (1.4639)	-0.0097*** (-3.4174)	0.0143*** (3.6211)
$IntA_t$	-0.0100* (-1.7835)	-0.0074 (-0.2272)	-0.0114** (-2.0930)	-0.0083 (-1.0596)	-0.0116** (-2.1131)	-0.0007 (-0.0906)
$InvA_t$	0.0031 (0.7896)	-0.1104*** (-4.8709)	0.0021 (0.5618)	-0.0227*** (-4.2384)	0.0022 (0.5965)	-0.0195*** (-3.7642)
DA_t	-0.0049 (-0.7495)	0.0481 (1.2796)	-0.0069 (-1.1001)	0.0027 (0.2991)	-0.0068 (-1.0795)	0.0001 (0.0157)
Age_t	-0.0015* (-1.8337)	-0.0036 (-0.7468)	-0.0018** (-2.1745)	0.0015 (1.2758)	-0.0018** (-2.1732)	0.0016 (1.3668)
GDP_t	-0.0294*** (-9.4029)	-0.0361 (-1.6273)	-0.0298*** (-9.8180)	-0.0065 (-1.2257)	-0.0295*** (-9.6988)	-0.0076 (-1.4838)
$Citizen_t$	0.0418*** (4.1047)	0.1572** (2.5632)	0.0481*** (4.8805)	0.0358** (2.4243)	0.0477*** (4.8320)	0.0401*** (2.8057)
$SecInd_t$	0.1437*** (7.3954)	0.0194 (0.1764)	0.1393*** (7.5576)	0.0112 (0.4369)	0.1385*** (7.5023)	0.0121 (0.4835)
$ThirdInd_t$	-0.0774*** (-3.8768)	-0.0810 (-0.6968)	-0.0876*** (-4.6021)	-0.0259 (-0.9432)	-0.0884*** (-4.6423)	-0.0282 (-1.0575)
Constant	0.2737*** (9.4409)	0.3377 (1.6185)	0.2813*** (9.9724)	0.0732 (1.4581)	0.2789*** (9.8619)	0.0813* (1.6719)
Year	控制	控制	控制	控制	控制	控制
Industry	控制	控制	控制	控制	控制	控制
N	4310	4310	4574	4574	4566	4566
Adj. R^2	0.5527	0.0778	0.5508	0.0565	0.5505	0.0659
相关性检验:						
Partial-R^2	0.1321		0.1335		0.1335	
Robust F-statistic	324.684		349.072		348.461	
F-statistic p-value	0.0000		0.0000		0.0000	
外生性检验:						

续表

被解释变量	$GovDebt_t$	ETR_Diff_{t+1}	$GovDebt_t$	BTD_{t+1}	$GovDebt_t$	DD_BTD_{t+1}
	(1)	(2)	(3)	(4)	(5)	(6)
Sargan chi^2 (p-value)		0.7417 (0.3891)		2.1471 (0.1428)		2.2438 (0.1341)
Basmann chi^2 (p-value)		0.7345 (0.3914)		2.1279 (0.1446)		2.2238 (0.1359)

二、内生性检验：Heckman 两阶段回归

本章进一步采用 Heckman 两阶段方法检验我们的研究是否存在样本选择偏差问题。第一阶段进行 Probit 回归，被解释变量为地方政府债务的虚拟变量（$GovDebt\_Dum_t$），以样本当年中位数进行分组定义，主要解释变量为相邻省份的地方政府债务规模（$Neighbor_t$）和本省当年的经济发展水平（$Electric_t$），将二者同时作为地方政府债务虚拟变量的排除性约束变量，模型中还控制了其他可能对地方政府债务存在影响的因素，包括企业规模、财务杠杆、盈利能力、成长能力、有形资本密集度、无形资本密集度、存货密集度、信息透明度、企业年龄、地区经济状况、城镇化率、第二产业占比，以及第三产业占比。第二阶段在模型（7-3）中加入逆米尔斯比率（IMR_t）后重新进行回归。

表 7-10 列示了 Heckman 两阶段的回归结果。第（1）、第（3）、第（5）列分别为税收规避不同衡量方法样本下第一阶段的回归结果，可以看到，$Neighbor_t$的回归系数在 1%水平上显著为正，$Electric_t$的回归系数在 1%水平上显著为负，说明相邻省份的地方政府债务对本省的债务增长具有刺激作用，经济发展水平较高的地区对地方政府债务的需求相对较低，符合排除性约束变量的选择条件。同时，$GovDebt_t$与 IMR_t的 VIF 值均小于 10，没有多重共线性问题，说明本章自选择模型的设定是合理的。第（2）、第（4）、第（6）列分别对应以不同的税收规避衡量指标作为被解释变量的第二阶段回归结果，$GovDebt_t$ 的回归系数分别为 -0.2400、-0.0450、-0.0472，均在 5%水平上显著，支持地方政府债务能够降低地方国有企业

税收规避的观点，与前文的主要结论保持一致。

表 7-10　内生性检验：Heckman 两阶段回归

被解释变量	$GovDebt\_Dum_t$	ETR_Diff_{t+1}	$GovDebt\_Dum_t$	BTD_{t+1}	$GovDebt\_Dum_t$	DD_BTD_{t+1}
	(1)	(2)	(3)	(4)	(5)	(6)
$GovDebt_t$		-0.2400** (-2.1546)		-0.0450** (-2.0589)		-0.0472** (-2.2493)
IMR_t		0.0062 (0.9577)		0.0010 (0.5956)		0.0011 (0.7090)
$Neighbor_t$	16.8367*** (10.8283)		16.7826*** (11.1377)		16.7677*** (11.1316)	
$Electric_t$	-6.7537*** (-24.2295)		-6.8658*** (-25.1416)		-6.8589*** (-25.1187)	
$Size_t$	0.0418 (1.4465)	0.0008 (0.1941)	0.0334 (1.1975)	-0.0004 (-0.4522)	0.0337 (1.2070)	-0.0004 (-0.4290)
Lev_t	-0.0853 (-0.4561)	-0.0305 (-1.1585)	-0.0909 (-0.5088)	-0.0040 (-0.7217)	-0.0947 (-0.5301)	-0.0041 (-0.7675)
ROA_t	-0.4103 (-0.6399)	0.1502** (1.9770)	-0.3433 (-0.5774)	-0.0056 (-0.2705)	-0.3464 (-0.5827)	-0.0049 (-0.2414)
MB_t	0.0739*** (2.8620)	0.0127*** (4.4780)	0.0635** (2.5347)	0.0024** (2.5325)	0.0635** (2.5352)	0.0020** (2.1387)
$FixA_t$	0.2125 (1.1499)	0.0578** (2.5415)	0.1628 (0.9125)	0.0065 (1.1780)	0.1684 (0.9430)	0.0149*** (2.7787)
$IntA_t$	0.2946 (0.8078)	-0.0039 (-0.1022)	0.3084 (0.8662)	-0.0077 (-0.8840)	0.3085 (0.8663)	-0.0000 (-0.0004)
$InvA_t$	0.4953** (2.0201)	-0.1088*** (-3.4731)	0.4655** (1.9873)	-0.0224*** (-3.0925)	0.4693** (2.0031)	-0.0192*** (-2.7528)
DA_t	-0.7504* (-1.8325)	0.0468 (1.1341)	-0.7722* (-1.9299)	0.0025 (0.2265)	-0.7696* (-1.9231)	-0.0001 (-0.0050)
Age_t	-0.0592 (-1.0889)	-0.0033 (-0.5687)	-0.0655 (-1.2020)	0.0016 (1.0726)	-0.0649 (-1.1913)	0.0017 (1.1449)
GDP_t	-2.8398*** (-13.3952)	-0.0352 (-1.0803)	-2.8492*** (-13.8854)	-0.0064 (-0.8366)	-2.8427*** (-13.8363)	-0.0078 (-1.0578)
$Citizen_t$	6.8816*** (10.9088)	0.1746** (2.0481)	7.0659*** (11.5645)	0.0383* (1.7365)	7.0592*** (11.5515)	0.0436** (2.0536)

续表

被解释变量	$GovDebt\_Dum_t$	ETR_Diff_{t+1}	$GovDebt\_Dum_t$	BTD_{t+1}	$GovDebt\_Dum_t$	DD_BTD_{t+1}
	(1)	(2)	(3)	(4)	(5)	(6)
$SecInd_t$	13.7609*** (10.3802)	0.0058 (0.0366)	13.7254*** (10.8677)	0.0094 (0.2715)	13.6905*** (10.8350)	0.0102 (0.3075)
$ThirdInd_t$	0.6687 (0.5160)	-0.0781 (-0.4938)	0.4195 (0.3390)	-0.0251 (-0.7129)	0.3847 (0.3109)	-0.0277 (-0.8132)
Constant	16.9141*** (9.0986)	0.3005 (1.1140)	17.2865*** (9.5806)	0.0678 (1.0648)	17.2471*** (9.5519)	0.0776 (1.2719)
Year	控制	控制	控制	控制	控制	控制
Industry	控制	控制	控制	控制	控制	控制
N	4310	4310	4574	4574	4566	4566
Pseudo R^2	0.4960		0.4930		0.4920	
Adj. R^2		0.0790		0.0571		0.0667
LR statistic	2961.08		3125.30		3115.54	
p 值	0.00		0.00		0.00	
VIFs						
GovDebt		2.15		2.14		2.14
IMR		3.94		3.83		3.83

三、地方政府债务的稳健性测试

为避免指标测算对本章的研究结论产生影响，本章改变地方政府债务的衡量方法进行稳健性测试。人口规模决定了对地区基础设施的需求程度，同时影响地区生产力的供给大小，因此，本章借鉴伏润民等（2017）、吴小强和韩立彬（2017）的做法，采用地方政府债务规模与地区人口数量的比值取自然对数作为衡量指标，记为 $GovDebt2_t$。以 $GovDebt2_t$ 作为主要解释变量重新进行回归，回归结果如表 7-11 所示。表中结果显示，$GovDebt2_t$ 的回归系数始终显著为负，可见，改变指标测算方法未对本章的研究结论产生影响。

表 7-11　地方政府债务的稳健性测试

被解释变量	ETR_Diff_{t+1}	BTD_{t+1}	DD_BTD_{t+1}
	(1)	(2)	(3)
$GovDebt2_t$	-0. 0176*** (-2. 8218)	-0. 0040*** (-3. 1829)	-0. 0040*** (-3. 2936)
$Size_t$	0. 0004 (0. 0947)	-0. 0005 (-0. 5857)	-0. 0004 (-0. 5435)
Lev_t	-0. 0329 (-1. 2437)	-0. 0052 (-0. 9187)	-0. 0053 (-0. 9637)
ROA_t	0. 1505* (1. 9441)	-0. 0050 (-0. 2387)	-0. 0042 (-0. 2069)
MB_t	0. 0123*** (4. 4125)	0. 0024** (2. 5111)	0. 0020** (2. 1147)
$FixA_t$	0. 0587** (2. 5550)	0. 0067 (1. 2078)	0. 0152*** (2. 8236)
$IntA_t$	-0. 0056 (-0. 1427)	-0. 0095 (-1. 0806)	-0. 0016 (-0. 1825)
$InvA_t$	-0. 1157*** (-3. 6365)	-0. 0241*** (-3. 3691)	-0. 0205*** (-2. 9787)
DA_t	0. 0500 (1. 1884)	0. 0020 (0. 1740)	-0. 0007 (-0. 0662)
Age_t	-0. 0026 (-0. 4343)	0. 0021 (1. 3642)	0. 0021 (1. 4041)
GDP_t	0. 0089 (0. 4090)	0. 0016 (0. 3227)	0. 0009 (0. 1808)
$Citizen_t$	0. 0837 (1. 1507)	0. 0214 (1. 2228)	0. 0252 (1. 4614)
$SecInd_t$	-0. 0008 (-0. 0048)	0. 0093 (0. 2707)	0. 0092 (0. 2766)
$ThirdInd_t$	-0. 0359 (-0. 2147)	-0. 0193 (-0. 5214)	-0. 0208 (-0. 5791)
Constant	0. 0176 (0. 0917)	0. 0221 (0. 4877)	0. 0261 (0. 5897)
Year	控制	控制	控制
Industry	控制	控制	控制
N	4181	4443	4435
Adj. R^2	0. 0798	0. 0583	0. 0668

四、样本选择的稳健性测试

考虑到地方政府与地方国有企业天然的产权联系（刘行和李小荣，2012），前文主要以地方国有企业作为研究样本，考察地方政府债务与企业税收规避之间的关系，研究结论具有较好的代表性。为了进一步确认研究结论的可靠性及普适性，本章将非国有企业、中央国有企业纳入样本，再次对以上结论进行检验。回归结果如表 7-12 所示，可以看到，地方政府债务与企业税收规避依然显著负相关，说明本章的研究结论不会受到样本选择的影响。

表 7-12 样本选择的稳健性测试

被解释变量	ETR_Diff_{t+1}	BTD_{t+1}	DD_BTD_{t+1}
	(1)	(2)	(3)
$GovDebt_t$	-0.1365** (-2.3715)	-0.0276** (-2.2008)	-0.0267** (-2.1464)
$Size_t$	0.0015 (0.7577)	-0.0003 (-0.7106)	-0.0003 (-0.5661)
Lev_t	-0.0128 (-1.0525)	0.0035 (1.1260)	0.0038 (1.2233)
ROA_t	0.1199*** (3.1470)	0.0033 (0.3016)	-0.0014 (-0.1339)
MB_t	0.0082*** (7.6888)	0.0018*** (5.3343)	0.0016*** (4.8977)
$FixA_t$	0.0456*** (3.6024)	0.0047 (1.4794)	0.0130*** (4.1634)
$IntA_t$	-0.0740** (-2.0885)	-0.0126 (-1.6358)	-0.0075 (-0.9959)
$InvA_t$	-0.0836*** (-5.0863)	-0.0199*** (-4.9322)	-0.0193*** (-4.8067)
DA_t	0.0708*** (3.3084)	0.0227*** (3.7927)	0.0152** (2.5353)
Age_t	0.0083*** (3.2384)	0.0045*** (6.8228)	0.0047*** (7.2680)

续表

被解释变量	ETR_Diff_{t+1}	BTD_{t+1}	DD_BTD_{t+1}
	(1)	(2)	(3)
GDP_t	-0.0150 (-1.2449)	-0.0017 (-0.6075)	-0.0016 (-0.5484)
$Citizen_t$	0.0826** (2.1786)	0.0223** (2.3700)	0.0205** (2.2256)
$SecInd_t$	0.0078 (0.0875)	-0.0156 (-0.7493)	-0.0117 (-0.5758)
$ThirdInd_t$	-0.0343 (-0.3739)	-0.0327 (-1.5137)	-0.0279 (-1.3226)
Constant	0.0907 (0.8508)	0.0388 (1.6059)	0.0306 (1.2690)
Year	控制	控制	控制
Industry	控制	控制	控制
N	14011	14838	14825
Adj. R^2	0.0540	0.0469	0.0541

第七节　本章小结

随着地方政府债务风险的加速暴露，如何平衡地方财政收支成为地方政府亟待解决的重要问题。本章基于中国特殊的制度背景，将地方政府债务纳入企业税收行为的研究框架，以地方国有企业为研究样本的实证结果表明：第一，扩张的地方政府债务规模会对地方国有企业的税收规避产生负向影响；第二，地方国有企业的金字塔结构会抑制地方政府债务与企业税收规避的负向关系；第三，地方政府债务主要是通过增加税收征管粘性对企业税收规避产生影响；第四，地方政府债务对企业税收规避的负向影响在晋升激励较强的地区、法律执行效率较高的地区、政策性负担较轻的企业中更为显著。

地方政府债务特别是隐性债务过快增长的主要原因是对债务驱动经济

增长模式的过度依赖，如何深化财税体制改革，理顺中央政府与地方政府之间的关系、地方政府与企业之间的关系，是从根本上解决地方政府债务风险的关键。本章的实践价值主要体现在以下方面：第一，有利于为地方政府科学管理债务资源提供现实依据。地方政府债务管理需要同时兼顾地区经济增长的目标以及风险管控的底线，如何在保证经济增长的前提下平衡财政收支、构建风险防范体系，对于地方政府具有重要意义。第二，有利于为地方国有企业优化财务决策提供依据。地方国有企业兼具“盈利性使命”和“公共性使命”，在经营的过程中，地方国有企业应该着力把控企业发展和地区发展的平衡关系，在实现企业可持续发展的基础上，为稳定地区经济发挥重要作用。本章深入探讨了地方政府债务影响企业税收规避行为的具体作用机制，研究结论能够为地方政府管控债务风险提供政策建议，并为地方国有企业提高资金配置效率提供经验借鉴。

本章参考文献

[1] Agénor, P. R., Aizenman, J. Aid Volatility and Poverty Traps [J]. Journal of Development Economics, 2010, 91 (1): 1-7.

[2] Aghion, P., Tirole, J. Formal and Real Authority in Organizations [J]. Journal of Political Economy, 1997, 105 (1): 1-29.

[3] Anderson, M. C., Banker, R. D., Janakiraman, S. N. Are Selling, General and Administrative Costs "Sticky"? [J]. Journal of Accounting Research, 2003, 41 (1): 47-63.

[4] Banker, R. D., Byzalov, D., Chen, L. T. Employment Protection Legislation, Adjustment Costs and Cross-Country Differences in Cost Behavior [J]. Journal of Accounting and Economics, 2013, 55 (1): 111-127.

[5] Banker, R. D., Byzalov, D., Ciftci, M., Mashruwala, R. The Moderating Effect of Prior Sales Changes on Asymmetric Cost Behavior [J]. Journal of Management Accounting Research, 2014, 26 (2): 221-242.

[6] Chen, C. X., Lu, H., Sougiannis, T. The Agency Problem, Corporate Governance and the Asymmetrical Behavior of Selling, General and Administrative Costs [J]. Contemporary Accounting Research, 2012, 29 (1): 252-282.

[7] Chen, S., Chen, X., Cheng, Q., Shevlin, T. Are Family Firms More Tax Aggressive than Non-Family Firms? [J]. Journal of Financial Economics, 2010, 95 (1): 41-61.

[8] Chyz, J. A., Gaertner, F. B. Can Paying "Too Much" or "Too Little" Tax Contribute to Forced CEO Turnover? [J]. Accounting Review, 2017, 93 (1): 103-130.

[9] Desai, M. A., Dharmapala, D. Corporate Tax Avoidance and High-Powered Incentives [J]. Journal of Financial Economics, 2006, 79 (1): 145-179.

[10] Fan, J. P., Wong, T. J., Zhang, T. Institutions and Organizational Structure: The Case of State-Owned Corporate Pyramids [J]. Journal of Law, Economics, and Organization, 2013, 29 (6): 1217-1252.

[11] Gu, Z., Wang, K., Xiao, X. Government Control and Executive Compensation: Evidence from China [R]. Working Paper, 2010.

[12] Katz, B. G., Owen, J. Exploring Tax Evasion in The Context of Political Uncertainty [J]. Economic Systems, 2013, 37 (2): 141-154.

[13] La Porta, R., Lopez-de-Silanes, F., Shleifer, A., Vishny, R. W. Law and Finance [J]. Journal of Political Economy, 1998, 106 (6): 1113-1155.

[14] La Porta, R., Lopez-de-Silanes, F., Shleifer, A. Corporate Ownership around the World [J]. Journal of Finance, 1999, 54 (2): 471-517.

[15] Liao, G., Chen, X., Jing, X., Sun, J. Policy Burdens, Firm Performance, and Management Turnover [J]. China Economic Review, 2009, 20 (1): 15-28.

[16] Mendoza, E. G., Oviedo, P. M. Fiscal Policy and Macroeconomic Uncertainty in Developing Countries: The Tale of the Tormented Insurer [R]. Working Paper, 2006.

[17] Qian, Y. Enterprise Reform in China: Agency Problems and Political Control [J]. Economics of Transition, 1996, 4 (2): 427-447.

[18] Rego, S. O., Wilson, R. Equity Risk Incentives and Corporate Tax Aggressiveness [J]. Journal of Accounting Research, 2012, 50 (3): 775-810.

[19] Shleifer, A., Vishny, R. W. A Survey of Corporate Governance [J]. Journal of Finance, 1997, 52 (2): 737-783.

[20] Sobel, M. E. Asymptotic Confidence Intervals for Indirect Effects in Structural Equation Models [J]. Sociological Methodology, 1982 (13): 290-312.

[21] Wu, J. China's Transition to a Market Economy: How Far across the River? [M]. Transition from Socialist to Market Economies, Palgrave Macmillan, London, 2009: 37-66.

[22] Zhang, M., Ma, L., Zhang, B., Yi, Z. Pyramidal Structure, Political Intervention and Firms' Tax Burden: Evidence from China's Local SOEs [J]. Journal of Corporate Finance, 2016, 36 (2): 15-25.

[23] 陈德球，陈运森，董志勇．政策不确定性、税收征管强度与企业税收规避 [J]. 管理世界，2016 (5): 151-163.

[24] 陈德球，刘经纬，董志勇．社会破产成本、企业债务违约与信贷资金配置效率 [J]. 金融研究，2013a (11): 68-81.

[25] 陈德球，魏刚，肖泽忠．法律制度效率、金融深化与家族控制权偏好 [J]. 经济研究，2013b (10): 55-68.

[26] 陈菁，李建发．财政分权、晋升激励与地方政府债务融资行为——基于城投债视角的省级面板经验证据 [J]. 会计研究，2015 (1): 61-67.

[27] 陈晓光．财政压力、税收征管与地区不平等 [J]. 中国社会科学，2016 (4): 53-70.

[28] 伏润民，缪小林，高跃光．地方政府债务风险对金融系统的空间外溢效应 [J]．财贸经济，2017 (9)：31-47.

[29] 高培勇．中国税收持续高速增长之谜 [J]．经济研究，2006 (12)：13-23.

[30] 郭敏，段艺璇，黄亦炫．国企政策功能与我国地方政府隐性债：形成机制、度量与经济影响 [J]．管理世界，2020 (12)：36-54.

[31] 黄群慧，余菁．新时期的新思路：国有企业分类改革与治理 [J]．中国工业经济，2013 (11)：5-17.

[32] 贾俊雪，张晓颖，宁静．多维晋升激励对地方政府举债行为的影响 [J]．中国工业经济，2017 (7)：5-23.

[33] 梁琪，郝毅．地方政府债务置换与宏观经济风险缓释研究 [J]．经济研究，2019 (4)：18-32.

[34] 刘行，李小荣．金字塔结构、税收负担与企业价值：基于地方国有企业的证据 [J]．管理世界，2012 (8)：91-105.

[35] 刘行，叶康涛．企业的避税活动会影响投资效率吗？[J]．会计研究，2013 (6)：47-53.

[36] 刘欢，周会洋，侯粲然．地方政府债务与企业创新 [J]．会计研究，2020 (9)：163-177.

[37] 刘骅，卢亚娟．转型期地方政府投融资平台债务风险分析与评价 [J]．财贸经济，2016 (5)：48-59.

[38] 李维安，韩忠雪．民营企业金字塔结构与产品市场竞争 [J]．中国工业经济，2013 (1)：77-89.

[39] 吕健．政绩竞赛、经济转型与地方政府债务增长 [J]．中国软科学，2014 (8)：17-28.

[40] 吕健．地方债务对经济增长的影响分析——基于流动性的视角 [J]．中国工业经济，2015 (11)：16-31.

[41] 马光荣，郭庆旺，刘畅．财政转移支付结构与地区经济增长 [J]．中国社会科学，2016 (9)：105-125.

［42］马光荣，李力行．政府规模、地方治理与企业逃税［J］．世界经济，2012（6）：93-114.

［43］马建堂，董小君，时红秀，徐杰，马小芳．中国的杠杆率与系统性金融风险防范［J］．财贸经济，2016（1）：5-21.

［44］毛锐，刘楠楠，刘蓉．地方政府债务扩张与系统性金融风险的触发机制［J］．中国工业经济，2018（4）：19-38.

［45］缪小林，伏润民．权责分离、政绩利益环境与地方政府债务超常规增长［J］．财贸经济，2015（4）：17-31.

［46］钱先航，曹廷求，李维安．晋升压力、官员任期与城市商业银行的贷款行为［J］．经济研究，2011（12）：72-85.

［47］苏坤．国有金字塔层级对公司风险承担的影响——基于政府控制级别差异的分析［J］．中国工业经济，2016（6）：127-143.

［48］孙铮，刘浩．中国上市公司费用“粘性”行为研究［J］．经济研究，2004（12）：26-34.

［49］王百强，孙昌玲，伍利娜，姜国华．企业纳税支出粘性研究：基于政府税收征管的视角［J］．会计研究，2018（5）：28-35.

［50］王芳，刘红芹，陈硕．官员激励与政府支出效率：来自地级市的证据［J］．经济学报，2021（3）：173-198.

［51］王小龙，余龙．财政转移支付的不确定性与企业实际税负［J］．中国工业经济，2018（9）：155-173.

［52］文雪婷，冯明．地方政府债务与信托融资行为研究［J］．经济学报，2017（2）：131-158.

［53］吴小强，韩立彬．中国地方政府债务竞争：基于省级空间面板数据的实证研究［J］．财贸经济，2017（9）：48-62.

［54］徐军伟，毛捷，管星华．地方政府隐性债务再认识——基于融资平台公司的精准界定和金融势能的视角［J］．管理世界，2020（9）：37-59.

［55］张军，吴桂英，张吉鹏．中国省际物质资本存量估算：1952—

2000 [J]. 经济研究, 2004 (10): 35-44.

[56] 钟宁桦, 陈姗姗, 马惠娴, 王姝晶. 地方融资平台债务风险的演化——基于对“隐性担保”预期的测度 [J]. 中国工业经济, 2021 (4): 5-23.

[57] 朱太辉. 实体经济债务究竟如何影响金融体系稳定? ——理论机制和解释框架 [J]. 金融评论, 2019 (2): 25-37.

[58] 朱莹, 王健. 市场约束能够降低地方债风险溢价吗? ——来自城投债市场的证据 [J]. 金融研究, 2018 (6): 56-72.

第八章

研究结论与展望

第一节　研究结论

本书以地方政府债务与企业财务行为为主题展开研究，细致梳理了中国地方政府债务产生和治理的制度背景、国内外对于政府债务的相关研究、国际视角下金融危机及世界主要国家的政府债务情况、中国视角下地方政府债务的发行特征等问题。在前述讨论基础上，本书从企业创新、企业税收规避两个视角探索了地方政府债务对企业财务行为的影响。主要结论如下：

第一，中国地方财政制度经历了“统收统支”“财政承包制改革”“分税制改革”的历史变迁，财政制度的变革促使了中国经济的活力提升，建立现代财税体制成为《中共中央关于制定国民经济和社会发展第十四个五年规划和二〇三五年远景目标的建议》的重要内容。尤其是分税制改革后，财权和事权的不匹配让地方政府有通过债务融资促进经济增长的内在动机，1997 年亚洲金融危机和 2008 年的全球金融风暴则直接激发了地方政府债务规模的急速扩张。为了治理地方政府债务问题，中国自 2014 年以后出台了多项政策文件，希望最大限度地“守住不发生系统性风险底线”。在制度背景部分，本书梳理了目前学术界通用的匡算地方政府债务规模的主流方法，并对不同计算方法进行了科学、细致的比较，结合中国财政制度变迁的历史背景，提出了不同估算方法的应用场景，为后续理论和实证分析的顺利展开奠定了基础。

第二，本书对国内外有关政府债务的文献进行了梳理与总结，认为现有文献主要从多国政府债务对比、国家层面的政府债务讨论、省级层面的地方政府债务讨论三个层面展开研究，对于影响因素、经济后果、潜在风险等话题尤为关注。但是在中国制度背景下，对地方政府债务的研究应该着力从地方政府债务影响企业财务行为的作用机理、地方政府债务与企业财务行为的研究内容、地方政府债务匡算方法的规范性等方面予以拓展。

第三，本书从国际视角讨论了政府债务问题，在系统阐释经济周期、金融危机等基本概念的基础上，本书对典型的金融危机场景、世界主要国家经济实力、一般政府收入、一般政府总支出、财政赤字等进行了对比与解读，并基于政府债务总额占国内生产总值的比值、政府债务净额占国内生产总值的比值等指标对世界主要国家的债务风险进行了分析与讨论，为研究中国的地方政府债务问题提供了国际经验。

第四，本书聚焦中国的地方财政收支，讨论了财政收入、财政支出、中央转移支付等在不同省、自治区、直辖市的差异，具体描述了中国不同省级行政区的财政实力，认为中央转移支付制度确实发挥了财政调剂作用。进一步地，本书依据新修订的《中华人民共和国预算法》，从地方政府债券的视角对各省、自治区、直辖市的地方政府债券发行特征进行了讨论，初步了解了中国地方政府债务的整体状况。

第五，本书实证检验了地方政府债务与企业创新之间的关系，研究发现：扩张的地方政府债务规模会对企业创新产生负向影响；这一关系在融资约束高、融资需求大、风险承担能力弱的上市公司尤为明显。进一步研究中，本书讨论了公司治理机制、产权性质、晋升激励和中央巡视对二者之间关系的影响，发现当内部控制弱、机构投资者持股少的时候，地方政府债务的扩张会显著减少企业创新；同国有企业相比，地方政府债务与企业创新的负相关关系在非国有企业中更加显著；地方政府债务对企业创新的负向作用在晋升激励强的地区更加显著；中央巡视对地方政府的财政政策具有监督作用，能够抑制地方政府债务对企业创新的负向影响。

第六，本书关注了地方财政收支与企业纳税行为的关系，发现：扩张的地方政府债务规模会对地方国有企业的税收规避产生负向影响；地方国有企业的金字塔结构会抑制地方政府债务与企业税收规避的负向关系；地方政府债务主要是通过增加税收征管粘性对企业税收规避产生影响；地方政府债务对企业税收规避的负向影响在晋升激励较强的地区、法律执行效率较高的地区、政策性负担较轻的企业中更为显著。

第二节 研究局限

本书基于中国的地方政府债务展开研究，重点关注其对企业财务行为的影响。尽管本书现有的逻辑体系已经比较完善，但是在研究过程中还存在一些局限性，主要体现在：

第一，本书基于“制度背景—理论回顾—国际经验—中国证据—实证检验”的逻辑展开研究，在理论分析部分耗费了大量精力和时间，在一定程度上明晰了中国制度背景下地方政府债务的产生原因、治理政策等。但是，由于地方政府债务的测算在不同口径下存在差异，并且部分测算方法由于涉及数据比较复杂，存在数据更新不及时、数据取得困难等问题，导致地方政府债务的研究相对复杂。特别是中国新修订的《中华人民共和国预算法》自2015年开始允许地方政府通过发行债券进行融资，截至目前，该政策的施行时间尚比较短，难以全面观察地方政府债券发行的经济后果。

第二，本书选用企业创新、企业税收规避两个角度，采用实证方法讨论了地方政府债务对企业财务行为的影响。尽管本书的研究已经初步证实了地方政府债务微观经济影响的作用机理，但是企业财务行为是一个复杂的系统性问题，本书现有研究的内容还不够丰富，后续需要花费更多时间和精力来详细探讨地方政府债务与企业财务行为的逻辑关系。

第三，目前大部分对于地方政府债务的讨论多基于实证研究展开，客观来看，该类研究具有样本数量多、研究方法科学、研究结论具有普适性等特点，但是案例导向下，选用典型应用场景来讨论地方政府债务对企业财务行为的影响可能会更好地揭示地方政府债务与企业财务行为的互动关系，从而为治理地方政府债务、提升企业财务管理效率提供更多有益建议。

第三节　研究展望

本书初步探明了地方政府债务影响企业财务行为的内在机理，为后续研究奠定了基础、探明了方向。以本书的研究内容为起点，后续研究可以从以下几个方面进一步展望：

第一，沿着“企业融资—企业投资—企业分配”的逻辑，未来地方政府债务微观经济影响的讨论可以更多覆盖企业现金持有、股权融资、金融资产投资、股利分配等经典的财务话题，在更多维度上证实地方政府债务对企业财务行为的影响。尤其是在可持续发展理念日益深入人心的背景下，基于利益相关者理论展开研究，观察地方政府债务对企业社会责任履行、绿色投资、环保绩效等的影响具有尤其重要的意义。

第二，基于中国资本市场改革的现实背景，以代理理论和信息不对称理论为基础，未来地方政府债务微观经济影响的研究可以拓展到资本市场定价效率、企业股价同步性、企业股价崩盘风险等经典话题。并且，在中国资本市场有序开放、股票发行注册制等资本市场改革举措相继推出的政策背景下，可以采用双重差分模型研究地方政府债务对企业盈余管理、会计稳健性等的影响，将传统会计信息质量话题引入地方政府债务的相关研究。

第三，明确地方政府债务的计量方法，构建地方政府债务风险指数，形成地方政府债务规模的实时监测系统。在数字经济蓬勃发展的今天，大数据应用到经济社会的方方面面。随着经济高质量发展日益获得重视，以中国对地方政府债务的治理措施为基础，地方政府债务数据披露的成熟度和规范性将日益提升，借鉴统计学思想，采用科学、合理的手段将海量数据转换成可视化指标，最终以指数的形式展现出来，形成一套成熟、有效的地方政府债务风险监控指数，具有很强的应用价值。